Arnd Brummer
Jan Hus

Jan Hus
(um 1370–1415)

Arnd Brummer

Jan Hus

Warum ein frommer Katholik
auf dem Scheiterhaufen endete

*Herausgegeben von Uwe Birnstein
in der Reihe „wichern porträts"*

Wichern-Verlag

Arnd Brummer arbeitete als Kultur- und Politikredakteur bei Tageszeitungen, leitete eine Radiostation und berichtete aus der damaligen Bundeshauptstadt Bonn als Korrespondent über Außen-, Verteidigungs- und Gesellschaftspolitik. 1991 übernahm er die Leitung der Wochenzeitung „Deutsches Allgemeines Sonntagsblatt". Er entwickelte 2000 das evangelische Magazin chrismon, dem er in Frankfurt/Main als Chefredakteur und geschäftsführender Herausgeber vorsteht. Brummers besondere Aufmerksamkeit gilt kulturwissenschaftlichen und religionssoziologischen Themen. Er hat mehrere Bücher verfasst und herausgegeben, ist ein begehrter Vortragsredner.

Zitate von Jan Hus sind kursiv gesetzt und teilweise der Umgangssprache angepasst.

© Wichern-Verlag GmbH, Berlin 2015
Umschlag: Thomas Puschmann – fruehbeetgrafik.de, Leipzig, unter Verwendung eines Fotos von akg-images
Satz: NagelSatz, Reutlingen
Druck und Bindung: Elbe Druckerei Wittenberg GmbH
ISBN 978-3-88981-389-3

Inhalt

5

Prolog

Aufgewachsen in Konstanz am Bodensee? Erzähle ich das, erhalte ich durchweg neidvolle Reaktionen. In Hamburg leuchten die Augen der Freunde, die den Süden wegen der Berge und des Weines lieben. In Bonn freuen sich die Segler mit mir. In und um Frankfurt wird die landschaftliche Lieblichkeit rund um Deutschlands südlichsten Zipfel geschätzt und dass man von dort aus in einer knappen Stunde die Skipisten am Säntis erreicht.

Dass „Badisch-Palermo" einst Sitz des größten deutschsprachigen Bistums war und auch eine historische und religiöse Bedeutung hat, wird eher selten wahrgenommen. Nur alle fünfzig Jahre gerät es in den Fokus der Öffentlichkeit – dann nämlich, wenn wieder ein sogenanntes Konzilsjubiläum ansteht. Als Junge erlebte ich die Feiern anlässlich des 550-jährigen Jubiläums des Konstanzer Konzils mit, das zwischen 1414 und 1418 weitreichende historische Veränderungen bewirkte. Gegenwärtig organisieren Historiker und Theologen die Rückschau auf 600 Jahre seit dem großen Kirchenkongress am See. Tragischerweise erfolgt diese historische Würdigung seit 100 Jahren in enger Nähe zu den Gedenktagen zum Ersten Weltkrieg, der just die gleichen 14-18-Daten trägt.

Dass in Konstanz einst das sogenannte Schisma beseitigt wurde, nämlich das Nebeneinander-Regieren dreier Päpste, steht im Mittelpunkt des historischen Interesses. Dass auf dem Obermarkt der Stadt die Geschichte Preußens begann, dass also dort König Sigismund seinen Freund und Topmanager Friedrich von Zollern mit der Mark Brandenburg belehnte, wird demgegenüber eher am Rande wahrgenommen. Und dass dort mit Jan Hus und Hieronymus von Prag zwei sogenannte Ketzer ermordet wurden, halten römisch-katholische Historiker wie Kardinal Walter Brandmüller noch heute für „nebensächlich".

Gleichwohl hat dieser von Konzilstheologen inszenierte und von der weltlichen Macht vollzogene Feuertod große historische Erschütterungen ausgelöst, die bis in die Gegenwart hinein das Gesicht Europas mitgeprägt haben. Die Selbstwahrnehmung der Böhmen oder Tschechen als Volk mit je eigener Identität ist eine dieser von Konstanz ausgehenden Erschütterungen. Die andere ist die 100 Jahre nach dem Konzil einsetzende Reformation. Martin Luther nennt sich in Reden und Briefen selbst einen „Hussiten".

Jan Hus, sein Vorläufer John Wyclif, die Waldenser: Martin Luther ist weit stärker bewusst als vielen seiner kirchlichen Nachfahren, dass Reformation von Anfang an eine Begleiterscheinung der Kirche gewesen ist. Hus war wie vor ihm Wyclif und nach ihm Luther, Zwingli oder Calvin einer der wichtigsten Protagonisten auf dem Weg der Kirche in die Moderne. Dass er dies nicht wusste oder wollte, mag sein. Der Bedeutung seiner Person und seiner Worte tut es keinen Abbruch.

Für mich ist es darüber hinaus auch persönlich wichtig, den Weg des Prager Magisters Hus nachzeichnen zu dürfen. Schließlich hat er mit meiner eigenen religiösen Biografie zentral zu tun.

Ich entstamme einer katholischen Familie. Meine Eltern gehörten Anfang der 1960er Jahre einem sogenannten Konzilskreis in Konstanz an. Das hatte nur wenig mit dem 550 Jahre zurückliegenden Ereignis dort, viel aber mit dem gerade in Rom zu Ende gehenden II. Vatikanischen Konzil zu tun. Unermüdlich wurde in diesem Zirkel von reformfreudigen, aufbruchseuphorischen Christen über die Erneuerung der römischen Kirche im Speziellen und des weltweiten Christentums im Ganzen diskutiert.

Es wurde geraucht und getrunken, gestritten und gelacht – direkt unter meinem Zimmerchen. Und ich hörte Namen wie den des gerade verstorbenen, innig geliebten Papstes Johannes XXIII. und den des Bischofs von Olinda und Recife in Brasilien, Dom Hélder Câmara, den man als den Vater der Befreiungstheologie bezeichnen kann.

Das fromme Büblein Arnd ging zur Frühkommunion und wurde Messdiener.

Im Sommer 1967 aber ereignete sich etwas Einschneidendes, kurz vor meinem Wechsel als Zehnjähriger in eine weiterführende Schule. Schwester Margarete machte mit uns Viertklässlern eine Art konzilsgeschichtlichen Rundgang durch Konstanz. Die Religionslehrerin führte uns selbstverständlich zum Münster, in dem die Konzilsväter fast vier Jahre lang getagt hatten. Wir besichtigten das „Konzil“ genannte alte Kaufhaus am Hafen, in dem 1418 das Konklave Papst Martin V. wählte, schlenderten Eis lutschend durch die Altstadt. Bevor wir den Bus zurück zur Schule nahmen, machten wir noch einen kleinen Schwenk in den Stadtteil Paradies, wo einst ein Clarissenkloster seine Gärten hatte. Mitten zwischen Wohnhäusern kamen wir zu einem großen Stein. Der trug eine kleine Tafel, auf der stand: Johannes Hus, 6. Juli 1415.

Ein wenig ratlos standen wir Schülerinnen und Schüler damals vor dem Felsbrocken. Bis die Lehrerin ihre Stimme erhob: „Hier ist der Hus verbrannt worden. Das Konzil hat ihn zum Tode verurteilt und der weltlichen Macht übergeben, die ihn hinrichtete.“ Ich unterbrach Schwester Margarete: „Und warum ist der Hus verbrannt worden?“ Sie: „Weil er ein Ketzer gewesen ist.“ Ich: „Was ist das, ein Ketzer?“ Die Religionslehrerin: „Einer, der dem Papst und der Kirche nicht gehorsam sein kann!" Ich: „Und deswegen wird man verbrannt?" Sie: „Heute nicht mehr, aber schlimm ist es immer noch!"

Es traf mich wie der sprichwörtliche Blitz: Wegen Ungehorsams wird einer verbrannt? Nein! Doch! Die Kirche Jesu Christi verbrennt jemanden? Einen Ketzer? Beim Abendessen erzählte ich es meinen Eltern. Mein Vater: „Hus war nicht der der einzige, der im Feuer starb, weil er Häresien verkündete, von der Lehre der Kirche abweichende Auffassungen." Und dann zog er einen Band des Lexikons aus dem Schrank, erzählte von Martin Luther und Galileo Galilei, die Glück gehabt hätten, von Jan Hus, von dessen Freund Hieronymus von Prag („auch in Konstanz verbrannt").

Ich kann nicht behaupten, dass ich von nun an nichts anderes mehr im Sinn gehabt hätte. Zu sehr interessierte ich mich für Fußball, für Rock und Jazz. Aber ich wollte mehr wissen über den Ungehorsamen, über sein Leben und seine Ideen. Ich beschaffte mir alles, was ich über diesen erstaunlichen Menschen zu lesen bekam, zunächst aus der Stadtbücherei, später aus der Konstanzer Uni-Bibliothek. Ich war fasziniert von diesem Priester aus Husinec, von seiner Standhaftigkeit vor dem konziliaren Ketzergericht.

Die Ketzer und Häretiker wurden mein Thema. Ich las über die Inquisition, deren Urteilen selbst Ordensleute zum Opfer fielen. Und ich wollte wissen, warum man den Priester Jan Hus auf den Scheiterhaufen geschickt hatte. Dabei stieß ich auch auf den bereits erwähnten John Wyclif (1325–1384). Den hatte man im Konstanzer Hus-Prozess 30 Jahre nach seinem Tode ebenfalls zum Ketzer erklärt, seine Schriften verdammt und seine Verbrennung beschlossen. 1428 grub man seine Gebeine aus und übergab sie dem Feuer. Mir wurde klar, dass der Reformator Martin Luther in diesen beiden Männern Vorgänger hatte.

Und ich begann, mich auf den Weg meiner persönlichen Reformation zu machen. Ein langer Weg. 20 Jahre dauerte es, bis ich den Schluss zog, dass ich dem Lehrgebäude Roms Adieu sagen würde. Ich habe diesen Weg in einem Buch beschrieben ("Unter Ketzern. Warum ich evangelisch bin", Frankfurt/Main 2011). Wunderbarerweise erreichte mich kurz nach meiner Konversion die Anfrage, ob ich in die Chefredaktion der liberalen evangelischen Wochenzeitung Deutsches Allgemeines Sonntagsblatt eintreten wolle, sozusagen in die Fußstapfen des von mir verehrten Theologen und Journalisten Heinz Zahrnt. Ja! Ich nahm das Angebot an.

In der neuen Aufgabe lud mich zu Beginn der 90er-Jahre das Goethe-Institut in Prag zu einer Vortragsreihe ein. Ich freute mich, im freien Prag eines Václav Havel sprechen zu können. Das Auditorium war gut gefüllt mit einem eher älteren Publikum. Ich begann meine Rede mit dem Hinweis, dass mich mein erster Weg in Prag zur Bethlehem-Kapelle geführt habe, in der Jan Hus gepredigt hat. Ich blickte in entzückte Gesichter. „Das war taktisch genial, wie Sie die Damen und Herren mit der Bethlehem-Kapelle auf Ihre Seite gebracht haben", verabschiedete mich am nächsten Morgen der Chef des Goethe-Instituts. „Taktisch?" Das war überhaupt nicht taktisch, das war ehrlich. Die Bethlehem-Kapelle musste ich besuchen! Mein Gastgeber klärte mich auf: „Die Bethlehem-Kapelle ist für gebildete Tschechen das Synonym ihrer kulturellen Identität. Ihre Aussage, aus dem Munde eines Deutschen, war für unsere Gäste eine Sensation. Deutsche rühmen den Wenzelsplatz, den Hradschin, den Veitsdom oder die Karlsbrücke. Und dann so etwas!"

Erstes Kapitel

Jan aus Husinec

Ein vielfach übermaltes Bild

Die Geschichte des Jan Hus ist nicht sein tatsächliches Leben, sondern das, was andere daraus gemacht haben. Im Nachhinein und mit jeweils höchst eigennützigen Motiven. So wird im Raum der römisch-katholischen Kirche bis heute die Legende vermittelt, Hus sei ein nur schmal gebildeter Mensch aus der südböhmischen Provinz gewesen, den außer den theologischen Fragen des John Wyclif geistig nicht viel beschäftigt habe. Ein schlichtes Gemüt. Zudem habe er mehr „abgeschrieben" als wirklich selbst erdacht und formuliert. Den Ergebnissen der neueren historischen Forschung hält dieses Hus-Bild in keiner Weise stand.

In der tschechischen Literatur wird aus dem wohl persönlich zunächst eher scheuen, wenn nicht schüchternen Menschen eine überlebensgroße Heldenfigur, ein Nationalheiliger. Der Slawe Hus, der maßgeblich dazu beitrug, das Tschechische als eigenständige Hochsprache zu entwickeln und dem gemeinen Volk im Königreich Böhmen den Weg zu Bildung und kultureller Eigenständigkeit zu öffnen, wurde und wird als antideutscher Nationalist geschmäht oder gepriesen. Auch dies wird von Selbstzeugnissen wie zeitgenössischen Quellen klar widerlegt.

Das Bild des wirklichen Hus freizulegen, die zahlreichen Übermalungen durch Freund und Feind zu entfernen, erscheint indes auch 600 Jahre nach seinem Tode als schweres Geschäft. Dies belegen zahlreiche

Versuche, ihn und sein Tun einzuordnen. Und es erweist sich nicht nur aufgrund der zitierten Interessen diverser späterer Parteien und kirchlicher Bewegungen als schwierig.

Der wilde, wilde Osten

Die Zeit, in der Hus lebte, lehrte, predigte und schrieb, war mit die wildeste in der europäischen Geschichte: ein riesiges Durcheinander von Mächtigen und ihren Interessen, in Kirchen und Reichen, in Städten und Provinzen. Gerade in Böhmen und seiner Metropole Prag vollzog sich ein gigantischer Prozess des Wandels. Handel, Bergbau und Ökonomie erschütterten die tradierte Ordnung. Wahre Völkerwanderungen dorthin, wo Arbeit und Wohlstand winkten, prägten die Epoche des späten 13., des 14. und des frühen 15. Jahrhunderts.

Die Pest sorgte in den Jahren zwischen 1347 und 1353, zwei Jahrzehnte vor Jan Hus' Geburt, für eine der größten Katastrophen. 25 Millionen Tote, rund ein Drittel der Gesamtbevölkerung Europas, forderte die Pandemie, die vermutlich aus Asien über Handelsschiffe eingeschleppt worden war. In Norditalien wütete die Seuche, in Florenz fielen ihr achtzig Prozent der Bevölkerung zum Opfer.

Von Venedig aus gelangte die Pest über die Alpen, das „große Sterben" breitete sich dort am heftigsten aus, wo der wirtschaftliche Aufschwung zuvor für die größte Bevölkerungsdichte gesorgt hatte: in den Städten entlang des Rheins, vor allem in Köln und Mainz, in den Hansestädten und in Wien. Allein auf dem Gebiet des heutigen Deutschlands starben rund fünf Millionen Menschen an der Seuche.

Vom schwarzen Tod verschont blieben Polen, weite Teile Böhmens und in dessen Mitte die Hauptstadt Prag. Der junge Karl IV., König von Böhmen und nach dem Willen seines Vaters auf dem Wege zum Herrscher über das gesamte Heilige Römische Reich, soll darin einen Fingerzeig Gottes gesehen haben.

Jan Hus

Jan oder Johannes wurde um 1370/71 in Husinec im Süden Böhmens geboren. Die Gemeinde am Fuße des Böhmerwaldes liegt am Goldenen Steig. Dieser Name beschreibt perfekt die Bedeutung der seit dem 12. Jahrhundert wohl wichtigsten Handelsroute für Böhmen. Der Goldene Steig war die kürzeste Route von der Donau und dem Inn ins Landesinnere. Die Ortsnamen Salzweg oder Salzgattern zwischen Passau und Husinec nennen eines der wichtigsten Güter. Aber auch Wein aus dem Süden, Silber und andere Edelmetalle wurden befördert. Wer als „Säumer" oder „Samer" Maultiere und Esel bewegte, konnte sich am Goldenen Steig rasch ein goldenes Händchen verdienen.

Einige Quellen, allerdings erst Jahrzehnte nach Hus' Leben aufgezeichnet, sagen, Jans Vater sei ein Fuhrmann gewesen. Aber auch Handwerk oder Landwirtschaft könnten die Erwerbsgrundlage der Familie gewesen sein. Hus selbst berichtet in Briefen und Aufzeichnungen nur höchst zurückhaltend über seine Jugendzeit. Immerhin schreibt er: *Gott gab mir Hände zur Arbeit und Arme zum Holztragen wie meinem Vater.* Er sei Kind einfacher Leute gewesen, wird überliefert. Andere Stimmen haben aus „einfach" „arm" gemacht und „ungebildet". Die Mutmaßung, die Eltern seien Leibeigene gewesen, geistert zwar noch durch die

Literatur, ist aber nirgendwo auch nur ansatzweise belegt.

Nach heutigem Verständnis bedeutete „einfach" zu dieser Zeit, dass Jans Vater und Mutter weder aus einer reichen Patrizierfamilie stammten, wie man sie aus Reichs-, Residenz- oder Handelsstädten kennt, zu denen Prag zählte, noch aus adeligem Hause, verbunden mit Landeigentum und Herrschaftsrechten. Eine Position der Schwäche, der Unterlegenheit, der Rechtlosigkeit drückt dieses „einfach" aus, von Einkommen und Bildung völlig losgelöst. Man konnte in dieser Ordnung „einfach" und trotzdem gut leben. Aber es konnte auch schiefgehen. Es reichte, wenn einem Mächtigen in Herrschaft oder Kirche die jeweilige Nase nicht gefiel. Im Wirtschaftswunderland Böhmen lag diese alltägliche Macht, gestützt auf Landbesitz und verbriefte Vorrechte, zu großen Teilen in den Händen von Klerikern, Rittern und Aristokraten landfremder Herkunft. Die Böhmen sahen sich selbst rackern und tun, aber mit vergleichbar geringem Anteil am Wohlstand und mit einem noch schwächeren Zugang zu Macht und Einfluss.

Auch wenn sie von niederem Stande gewesen sein mögen, völlig ungebildet können die Eltern kaum gewesen sein. Sie erkannten die große Intelligenz ihres zweitgeborenen Sohnes und förderten sie. Der Vater, heißt es, sei früh verstorben. Die Mutter, so berichtet Jan Hus selbst, soll alleine dafür gesorgt haben, dass der hochbegabte Bub auf die weit über die Region hinaus bekannte Lateinschule des benachbarten Städtchens Prachatitz gehen konnte. Und wenn ihr nachgesagt wird, sie habe ihren Sohn ermuntert, Priester zu werden, dann spricht dies mindestens so sehr für den pragmatischen Realismus dieser Frau wie für ihre Frömmigkeit.

Denn eines war in diesen mittelalterlichen Tagen klar: Wer dem „einfachen", dem macht- und einflussarmen Milieu entstammte, aber überdurchschnittlich intelligent war, der tat sich als Priester in einem kirchlichen Amt mit Abstand am leichtesten. Und Hus selbst hat in der Rückschau eingeräumt, dass er durchaus die Idee seiner Mutter übernommen hatte, in der Priesterkarriere wirtschaftlich und sozial die Schäfchen ins Trockene zu bringen: *Als Schüler hatte ich vor, bald Priester zu werden, um eine gute Kleidung und Wohnung zu haben und von den Menschen geschätzt zu werden.* Dann weist er jedoch darauf hin, dass er dies als *böses Begehren* erkannt habe, *sobald ich die Schrift verstanden hatte.*

Auf nach Prachatitz

Also auf nach Prachatitz! Lesen und Schreiben lernen, vor allem aber Latein, die Sprache der Gelehrten! Und im Umgang mit den Schulkameraden auch umgangssprachliches Deutsch.

Zu der Zeit, als der kleine Jan aus Husinec sein Bündel erstmals im Schlafsaal ablegte, mauserte sich Prachatitz zur Boomtown in Südböhmen. 1381 erhielt die Stadt von König Wenzel IV. das Stapelrecht für das in sein Reich importierte Salz. Davon profitierte auch die Schule. Denn die Kaufleute begannen, wie schon des längeren in Oberitalien oder in den deutschen Hansestädten, Wert auf die Bildung des Nachwuchses zu legen. Lesen, Schreiben, Rechnen, das musste man schon können – und vielleicht auch mit den Durchreisenden ein wenig plaudern.

In Prachatitz und Umgebung redeten ziemlich viele Menschen deutsch, auch als Muttersprachler. Oberdeutsch nannte man die Quasi-Hochsprache, die zwischen Basel und Prag, Wien und Mainz überall benutzt und verstanden wurde. Und an einer Handelsstraße konnte man Reisenden aus den florierenden Wirtschaftsmetropolen wie Nürnberg, Augsburg oder Ulm sehr häufig begegnen. Viele von ihnen kamen auch, um hier zu bleiben. Sie hatten gehört, im böhmischen Königreich gebe es gutes Geld zu verdienen. Die Jungs und Mädchen aus der Gegend werden wahrscheinlich zweisprachig aufgewachsen sein und die Knaben in der Lateinschule allemal. Denn viele ihrer Lehrer kamen aus dem deutschen Süden.

Die Schulzeit des Jan Hus war eine ganz normale Sache. Wie er in einem Brief mitteilt, war er an Streichen und organisiertem Blödsinn beteiligt. Mit den Kameraden sang er bei Begräbnissen. Dafür bekamen die Jungs ein bisschen Geld. Er beteiligte sich auch an närrischen Umzügen, was er später für eine schreckliche Entgleisung hielt. Und: Er war, nach eigenem Bekunden, ein ebenso hervorragender wie leidenschaftlicher Schachspieler. So negativ, wie er sich auch über diese Gabe und Leidenschaft später äußert, hat er wohl nicht nur zum Spaß Dame und Türme bewegt, sondern auch um Geld zu gewinnen. Wie manch anderer Student mag er sich damit eine Art Einkommen erspielt haben. Sei es wie es sei: Auch dieses Talent weist ihn als analytisch Hochbegabten aus.

Das goldene Prag

Jan aus Husinec kommt in die große Stadt. Prag! Zwischen 1387 und 1390 soll er den Weg aus der böhmischen Provinz in die goldene Metropole an der Moldau beschritten haben. Dort, in der Königsburg auf dem Hradschin, dem Burghügel über Stadt und Fluss, herrschte Wenzel, böhmisch Vaclav IV., römischer und deutscher König, König von Böhmen.

Wenzel war ein launischer Kerl, ein Chaot, sprunghaft und dem Alkohol nicht abgeneigt. Sein Vater, der legendäre Karl IV., hatte seinen Sohn schon im Kindesalter zum Nachfolger bestimmt und versucht, ihn entsprechend auszubilden, was nicht gelang. Zwar mangelte es Wenzel nicht an geistiger Bildung oder abendländischem Wissen – im Gegenteil: Aus heutiger Sicht kann er als absolut gebildet und vor allem sprachlich hochbegabt bezeichnet werden. Was ihm jedoch fehlte, waren Führungsqualitäten. Seine Unschlüssigkeit und Unselbständigkeit, gepaart mit Beratungsresistenz, wurden noch zu seinen Lebzeiten legendär.

Im Alter von zwei Jahren hatte ihn Vater Karl 1363 als böhmischen König krönen lassen. Am 10. Juni 1376 wurde der Teenager noch zu Lebzeiten des Vaters in Frankfurt am Main von den Kurfürsten zum Rex Romanorum gewählt und drei Wochen später vom Kölner Erzbischof gekrönt. Als sein Vater 1378 starb, trat Wenzel auch faktisch in dessen Fußstapfen.

Als Jan Hus nach Prag kommt, ist Wenzel zum zweiten Mal mit einer bayerischen Prinzessin verheiratet. Zunächst war Elisabeth von Bayern seine Frau, sie verstarb jung. Ihr folgte Schwester Sophie, eine fromme und geistlich sehr interessierte junge Dame. Diese Ehe war nicht von großem Glück geprägt. Ja, sie sorgte sogar für einen Märtyrer und späteren Heiligen. Es handelte sich um den Generalvikar, quasi den Verwaltungschef des Erzbistums Prag, Johannes von Nepomuk. Der König ließ ihn 1393 in der Moldau ertränken, weil er bei einer Abtswahl, die nicht den Kandidaten des Königs zum Sieger hatte, die sofortige Anerkennung des erfolgreichen Gegenkandidaten rechtlich vollzogen hatte.

Die Heiligenlegende allerdings – und es kann durchaus mehr als nur ein Körnchen Wahrheit darin stecken – erzählt, dass Nepomuk der Beichtvater der Königin gewesen sei. Er sei ermordet worden, weil er gegenüber Wenzel Sophies Beichtgeheimnis gewahrt habe. Der König, mutmaßend, dass seine Frau eine außereheliche Liebesbeziehung unterhalte, sei erfolglos auf den Priester eingedrungen, ihm dies zu bestätigen. Szenen einer Ehe: Zur Strafe für Sophie nahm Wenzel 1400 nicht einmal an der Krönung seiner Frau zur Königin teil.

Auch den Prediger Jan Hus verehrte und bewunderte Sophie in den kommenden Jahren. Nach dem Tod Wenzels wurde sie, gefördert von dessen Halbbruder Sigismund, gar politisch tätig und versuchte erfolglos, Königreich und Hussiten zu versöhnen.

Das goldene Prag, wie es zur Zeit Wenzels und Sophies bestand, war das Werk von Wenzels Vater Karl. Mit Intelligenz und Skrupellosigkeit hatte er an der Stärkung seiner Hausmacht im römisch-deutschen Reich gearbeitet. Selbst hochgebildet, gründete er eine Universität in Prag, nach Paris die zweitälteste nördlich der Alpen. Die Carolina, wie sie nach ihm benannt wurde, entwickelte sich rasch zu einem Magneten, der die intellektuelle und wissenschaftliche Elite aus dem gesamten Reich anzog. Oder wie er es selbst formulierte: „Ich habe die Universität gegründet, auf dass die Bewohner Böhmens, die es nach der Frucht der Wissenschaft unaufhörlich hungert, im eigenen Land den Tisch gedeckt finden, ohne genötigt zu sein, in fremden Ländern zu betteln."

Karl, obwohl immer am Rande der Pleite, entfaltete eine rege Bautätigkeit und holte bedeutende Künstler wie die Parler aus Schwäbisch Gmünd zur Ausgestaltung von Schloss und Kirchen in die Stadt, die deshalb bald die „goldene" hieß. Karl ließ die Prager Neustadt anlegen, die steinerne Karlsbrücke über die Moldau und den Veitsdom bauen. Dass Prag im Gegensatz zu anderen wichtigen Städten im Reich von der Pest verschont blieb, unterstützte Karls Absicht, seine Residenz zur De-facto-Hauptstadt zu machen. Dieser Status wurde von den Luxemburgern Johann und Karl auch kirchlich abgesichert, als das Bistum Prag 1344 vom Erzbistum Mainz gelöst und selbst zum Erzbistum wurde.

Schon zu Karls Zeiten, erst recht in denen Wenzels, war die Stimmung in Prag jedoch außerordentlich gespannt. Der wirtschaftliche und kulturelle Aufschwung hatte die miteinander verflochtenen Geschlechter der Patrizier weiter gestärkt. Die Handelsherren rafften Grund und Boden an sich – oder wie man es heute formulieren würde: Sie legten ihre Gewinne in Immobilien an. Diese Neu-Kapitalisten produzierten damit fortgesetzt Auseinandersetzungen mit den Adelsfamilien, die für die Feudalordnung im böhmischen Land standen, und sich ärgerten, dass ihnen in der Metropole die Felle wegschwammen.

Beide Seiten wurden vom normalen Prager Bürgertum regelrecht gehasst. Die Handwerker und kleinen Gewerbetreibenden sorgten mit ihrer Arbeit für die Gewinne der Herren, die aber nicht in die Betriebe investiert, sondern abgezweigt wurden. Die Häuser, in denen die kleinen Leute wohnten und arbeiteten, gehörten nicht ihnen. Sie waren der Willkür der Eigentümer ausgeliefert. Andererseits sorgten die Handelsherren aber für Rohstoffe, unterhielten Verbindungen zu vergleichbaren Clans in Nürnberg, Wien, Köln oder Bremen und exportierten die produzierten Waren in andere Gegenden Europas.

Die Prager Großbürger stammten überwiegend aus dem deutschen Raum. Sie bestimmten vom Altstädter Rathaus aus, was ökonomisch, städtebaulich und kulturell gefragt war und was nicht. Die Zünfte, denen überwiegend slawisch-böhmische Familien angehörten, konnten nur zuschauen.

Übertroffen wurde das Patriziat in seiner Geldgier noch von den Männern der Kirche, die in Saus und Braus lebten. Auch das war zum guten Teil Karl IV. zu verdanken, der sich außenpolitisch mit dem Papsttum verbündet hatte. Für dessen Unterstützung in diversen Auseinandersetzungen bedankte er sich, indem er bei der Befriedigung der immensen Geldforderungen der römischen Kurie half. In Westeuropa war die Kurie mit ihren finanziellen Ansprüchen abgeblitzt. Der beste Weg, am Reichtum teilzuhaben, war die ständige Anhebung der Preise für die Besetzung kirchlicher Ämter, die der Adel und das Patriziat zu zahlen hatten, wenn sie Machtpositionen und Pfründen kaufen wollten.

In den Städten das Patriziat, auf dem Lande – neben dem Adel – die Kirche. Über 30 Prozent des Bodens in Böhmen gehörte Bischöfen, Prälaten und Klöstern. Auf ihnen arbeiteten Bauern als sogenannte „Hörige", eine etwas sanftere Umschreibung von „rechtlos" bis „leibeigen". Wer als Unfreier auf dem Kirchenboden säte, ackerte und erntete, hatte steigende Naturalabgaben zu leisten, war der Rechtsprechung des Grundbesitzers unterworfen, leistete Fronarbeit für „Gotteslohn", also Essen und Trinken. Wer sich besonders brav aufführte, bekam ab und an ein bisschen Bares. Die schmalen Einkommen waren aber nicht für einen freien Umgang gedacht, wie man heute meinen könnte. Die Privatmittel der nicht völlig verarmten Stadt- und Landbevölkerung sollten zum guten Ende ebenfalls wieder in den Kirchenkassen landen. Kirchliche Handlungen wie Taufe, Hochzeit und Begräbnis hatten ihren Preis. Bettelmönche belästigten in regelmäßigen Abständen Bauern- und Handwerkerfamilien.

Und dann gab es noch die genialste Idee der mittelalterlichen Geistlichkeit: das Geschäft mit Sünden und Seligkeit, den sogenannten Ablasshandel. Die zur Kirchenfinanzierung brillante Idee hatte jedoch einen Schwachpunkt: Sie widersprach der Geschichte Jesu Christi und seiner Jünger, der Idee einer Kirche der Armen und für die Armen. Dies sorgte in fast allen Gegenden des christlichen Europa in mittelalterlichen Zeiten für Unruhe, wenn fromme Menschen den Ausgebeuteten und Schwachen eine andere Form von Christlichkeit illustrierten, die Geschichte Jesu anders erzählten als in den Heiligen Messen in Kirchen voller Prunk und Protz.

Petrus Valdes hatte im zwölften Jahrhundert in Lyon mit der aus römischer Sicht gefährlichsten Lehre begonnen. Der wohlhabende Kaufmann in der Stadt des Tuches an der Rhone hatte sich dem Bibelstudium gewidmet und die Heilige Schrift von einem befreundeten Priester in das im Süden Frankreichs gesprochene Okzitanisch/Provenzalisch übersetzen lassen. Während einer Hungersnot im Land an der Rhone soll Valdes eine religiöse Eingebung erhalten haben. Er verschenkte daraufhin große Teile seines Besitzes, organisierte Armenspeisungen, entschied sich für ein Leben in frei gewählter Armut. Er zog mit immer mehr Anhängern durch das Bistum Lyon – biblische Geschichten erzählend, das Leben der Apostel führend, predigend. Das ging nicht lange gut. Trotz zahlreicher Versuche, mit der offiziellen Kirche übereinzukommen, erhielten die „Armen von Lyon", die „Valdesien" oder „Waldenser", zunächst ein Predigtverbot. Und da sie nicht klein beigaben, wurden sie schließlich exkommuniziert, verbannt, vertrieben. Schlimm aus römischer Sicht: Unter den Predigenden waren Frauen. Noch schlimmer: Die Waldenser glaubten nicht an das

Fegefeuer und sprachen sich gegen die Heiligenverehrung aus. Am schlimmsten: Sie verweigerten den Eid gegenüber der Kirche und lehnten eine weltliche Gerichtsbarkeit der Bischöfe, Äbte und Prälaten ab. Die Waldenser zerstreuten sich in alle Winde.

Auch in Südböhmen, der Heimatregion des Jan Hus, tauchten Waldenser auf und sorgten mit ihren Ideen für Unruhe. Ja sie lösten fast einen Volksaufstand aus, indem sie von den Kirchenleuten ein Leben in Armut und Keuschheit forderten. Das ließ diese ergrimmen, denn neben der Eintreibung von Geldleistungen gehörte es zum ungeschriebenen Recht der Geistlichkeit, mit Frauen und Töchtern von Bauern und Handwerkern Beischlaf zu haben, wann immer sie es wollten. Der sogenannte Zölibat bedeutete ja schließlich nur Ehelosigkeit, also den Verzicht auf die Produktion legitimer, erbberechtigter Nachkommen, nicht aber auf Sex.

In den drei Jahrzehnten vor Jans Geburt wurde seine Heimat von den Waldensern trotz erheblicher Ketzerverfolgungen geradezu erschüttert. Obwohl der Inquisitor Gallus von Neuhaus zwischen 1335 und 1353 regelrecht Jagd auf die Waldenser in Südböhmen machte, gelang ihre Ausrottung nicht. Auch ein von Papst Benedikt XII. ausgerufener Ablass für alle, die Waldenser verrieten und bekämpften, fruchtete nicht. Die verschärften Maßnahmen Karls IV. gingen ebenfalls ins Leere. Nicht nur die Ärmsten der Armen fanden Gefallen an den Ideen des Petrus Valdes, auch der verarmte niedere Landadel, die freien Bauern und in den Städten die kleinbürgerlichen Zünfte des Handwerks solidarisierten sich mit den von der Kirche ausgebeuteten und unterdrückten Fron-Landwirten.

Dass Jan Hus von diesen Geschehnissen wusste, darf behauptet werden, auch wenn es dafür keine konkreten schriftlichen Hinweise gibt.

Zweites Kapitel

An der Universität

An der Universität, die schnell zur echten Konkurrenz der traditionsreichen Hochschulen in Bologna und Paris geworden war, war Hus im letzten Jahrzehnt des 14. Jahrhunderts einer von Tausenden Scholaren, die aus allen Himmelsrichtungen herbeikamen. Dass König Karl die Universität für seine bildungshungrigen Landeskinder gründete, hört sich gut an. In den vier Jahrzehnten zwischen der Eröffnung der Hochschule und Hus' Immatrikulation wurde jedoch erkennbar, dass Karl mehr wollte als eine „Landes-Uni". Er wollte einen Magneten für die intellektuelle Elite zumindest des römisch-deutschen Reiches, eigentlich aber der gesamten Welt. Paris und Bologna, die Vorbilder, sollten – ging es nach dem königlichen Willen – bald in den Schatten gestellt werden.

Dafür arbeitete er eng mit dem in Avignon regierenden Papst Clemens VI. zusammen. Nur mit dessen Unterschrift wurden die in Prag verliehenen akademischen Grade – Bakkalar, Magister und Doktor – im gesamten römisch-katholischen Teil Europas rechtlich gültig. Das Beste an dem Clemens-Privileg: Es galt nicht nur für die Künste, das Recht und die Medizin – in Prag durfte auch eine theologische Fakultät entstehen und päpstlich legitimierte akademische Titel verleihen.

Bis ins 20. Jahrhundert hinein lieferten sich Deutsche und Tschechen einen heftigen Streit über die Frage, ob Prag die älteste deutsche oder die erste tschechische Universität sei. Der Streit ist in mehrfacher Hinsicht unhistorisch. Auch und gerade Jan Hus, die Identifikationsfigur des Konfliktes, hätte die Frage in dieser schlichten Form nicht verstanden. Er hätte vermutlich mit einem entschiedenen „Sowohl-als-auch" geantwortet. Prag lag im römisch-deutschen Kaiserreich. Sein Herrscher war einer der sieben Kurfürsten mit Kaiser-Wahlrecht. Das Königreich Böhmen und seine Hauptstadt waren allerdings eigenständig und nicht dem deutschen König unterstellt.

Eingeteilt wurden die Hochschulangehörigen in „Nationen". Diese losen Gruppen an der Universität und beispielsweise auch beim Konstanzer Konzil dienten dem Zusammenhalt und als regionale Kontaktbörsen – heute würden sie unter dem Oberbegriff Networking stehen. Für Karl IV. war der Sinn des „Universalen", wie er ja im Hochschul-Begriff steckt, von großer Bedeutung. Deshalb luden er und sein Sohn Wenzel ausdrücklich Lehrende und Studenten aus allen Nachbarländern nach Prag ein. Die Nationen an der Prager Universität orientierten sich an der Himmelsrichtung, aus der die jungen Männer und die Lehrkräfte kamen, sowie an den sprachlichen und kulturellen Erfahrungen, die sie mitbrachten. Zu Hus' Zeiten hießen die Nationen Bayern, Sachsen, Polen und Böhmen.

Die Spannungen zwischen Böhmen und den deutschen Nationen waren hochschulintern zunächst eher herkunfts- und damit karrierespezifisch als kulturell oder gar sprachlich. Die Unterrichts- und Wissenschaftssprache für alle war und blieb Latein. Alles, was innerhalb des Studiums zu lesen, zu schreiben und zu diskutieren war, hatte in der Lingua Latina ausgedrückt zu werden. Gestritten wurde zwischen den Nationen um die wirtschaftlichen und sozialen Rahmenbedingungen des Studienbetriebes, um Ämter und Karrieren.

Was die Organisation der Prager Universität betraf, machte Karl dort weiter, wo er mit dem päpstlichen Privileg angefangen hatte. Die Kirche mischte überall mit. So übernahm der Prager Erzbischof auch die Aufgabe des Kanzlers der Universität. Das bedeutete: Niemand konnte gegen seine Autorität Rektor werden. Und die Statuten und Regeln an der Uni galten nur, wenn sie die bischöfliche Unterschrift und sein Siegel trugen. Der Erzbischof hatte auch für die Bezahlung der Lehrenden zu sorgen. Also wurden die bereits vorhandenen Bildungseinrichtungen der Mönchsorden kurzerhand in die Universität integriert. Die Orden bezahlten nun die theologischen Magister. Außerdem erfreute der Erzbischof seine Kirchengemeinden mit einer Sondersteuer. Mit diesen Steuereinnahmen wurden Güter und Dörfer in der Region um Prag gekauft. Neue Besitzerin: die Universität. Aus dem Verkauf der handwerklichen und agrarischen Produkte der Handwerker und Bauern auf den Uni-Gütern und -Höfen wurden die Gehälter von rund einem Dutzend Lehrender finanziert. Und hier entzündete sich kurz vor Jans Ankunft in Prag der erste „nationale" Konflikt zwischen Böhmen und den sogenannten Deutschen. Die Pfründen, so forderte die böhmische Nation, die alleine aus böhmischen Finanzmitteln aufgebracht würden, könnten doch nicht stets und ständig zur Bezahlung nichtböhmischer Professoren und Lehrer ausgegeben werden. Heute würde man sagen: Die Einheimischen fühlten sich von privilegierten Zuzüglern ausgebeutet und benachteiligt.

Der Erzbischof, darauf bedacht, es sich mit seinen eigenen Leuten nicht zu verderben, stellte ein Stoppschild auf: Aus dieser Kasse sollten keine weiteren nichtböhmischen Lehrkräfte mehr bezahlt werden! Das Collegium Carolinum, der nicht den Orden angehörende Kern der Universitätsbeschäftigten, hielt dagegen am sogenannten „freien Zulauf" fest. Dieser Begriff meinte: Niemand von außen, auch nicht der Erzbischof und Rektor, entscheidet über akademische Jobs – wir, die Uni-Mitarbeiter, bestimmen, wer bezahlter Professor wird!

Das kommt einem aus den aktuellen deutschen Debatten über die Hochschulfinanzierung irgendwie bekannt vor, beschreibt aber auch sehr gut die Grundlage, auf der später der Volksprediger Jan Hus so erfolgreich werden konnte. Die Maßnahmen der Obrigkeit, vor allem ihr Umgang mit dem Geld, erzeugten Misstrauen. Besonders wenn die Kirchenoberen darin verwickelt waren, keimte angesichts deren protzigem Lebensstil der Verdacht auf: Die denken nur an sich selbst, an ihren eigenen Geldbeutel.

Der Streit eskalierte. Der Rektor, Konrad von Soltau, stellte sich auf die Seite des Collegiums. Er ließ Vorlesungen ausfallen. Die Lehrenden traten sozusagen in Streik. Das erboste die Studierenden und die böhmische Nation erst recht. Lautstark protestierten sie im Carolinum. Dies wiederum beantwortete der Rektor, indem er Aufrührer einkerkern ließ. Nun zogen die Böhmen bewaffnet in die Hörsäle. Vermummte Studenten überfielen den Rektor. Da griff der Erzbischof zu seiner Lieblingswaffe: Er verhängte über Konrad von Soltau und die nichtböhmischen Nationen den Kirchenbann. Jetzt schalteten sich im Hintergrund auch die Berater des Königs ein. Ein Kompromiss musste gefunden werden. Man kam den Böhmen entgegen und veränderte den Stellenschlüssel. Von den zwölf Lehrer-Stellen im Kolleg erhielten die Böhmen nun fünf zugesichert, die Nicht-Böhmen sechs, eine sollte neutral bleiben. Doch der Streit ging weiter. Die neutrale Stelle bekam nämlich ein gewisser Konrad aus Beneschau. Der hielt sich selbst für einen echten Böhmen. Die böhmische Nation sah in ihm jedoch keineswegs einen der Ihren, obwohl sein Heimatort an der Grenze zu Österreich noch in Südböhmen lag. Hier lässt sich nun vermuten, dass der ökonomische Konflikt um einen politischen und dann einen sprachlich-kulturellen Aspekt erweitert wurde. Mit einer Frage, die aktuell geblieben ist: Warum geht es uns schlechter als den anderen? Weil wir anders sprechen, anders leben, also nicht dazugehören. Die slawisch sprechenden Einwohner beginnen den überdachenden Begriff „Böhmen" zu vermeiden. Sich selbst nennen sie mehr und mehr „Cesi", in neuem Deutsch: Tschechen, ihre Sprache: Tschechisch.

Als Jan Hus in die Universität eintrat, lehrten dort etwa 50 Professoren, „magistri regentes", und rund 200 Lehrbeauftragte, Magister, die etwa 2 000 Studenten. Neben nationalen Differenzen gab es auch Unstimmigkeiten in Sachen Reform und Erneuerung des Christentums. Die deutschsprachigen Doktoren, Magister und Studenten waren auf diesem Feld, zumindest den erhaltenen Dokumenten zufolge, eindeutig in der Überzahl. Zu den Reformtheologen zählte zum Beispiel Konrad von Soltau, der im Nationen-Streit gegen den Erzbischof stand.

Lesen, lernen, Ketzer hören

Trotz aller Standesunterschiede schafften es wie Jan aus Husinec in der zweiten Hälfte des 14. Jahrhunderts überdurchschnittlich viele Söhne aus unteren Schichten, ein Studium zu beginnen. Dennoch: Dass Söhne kleiner Leute ohne jede Unterstützung oder wenigstens eine Empfehlung im Lehr- und Wohngebäude des Collegium Carolinum einziehen konnten, darf man getrost ausschließen.

Irgendjemand muss auch dem jungen Jan in Prachatiz geraten haben, den von der Mutter empfohlenen Pfad zu Wissenschaft und Priestertum tatsächlich weiter zu beschreiten. Und irgendjemand muss ihm in Prag materiell und Türen öffnend zur Seite gestanden haben. Jan selbst, so viel wird aus den spärlichen Lebenszeugnissen immerhin deutlich, war seit frühester Jugend ein studierender Charakter. Er las, hörte zu, verstand, analysierte, las wieder, verband das neu Gewonnene mit dem bereits Gewussten. Er wird das in Familie und Bekanntenkreis halblaut über Waldenser und andere soziale oder religiöse Widerständler Erzählte mitbekommen haben. In der Prachatitzer Lateinschule wird wohl eher nicht darüber gesprochen worden sein.

Die Studienordnung war kompliziert. Und wer Theologe werden und die Promotion zum Doktor in diesem Fach abschließen wollte, brauchte einen langen Atem. Zunächst galt es, sich den Mantel des Scholaren überzustreifen. Dies soll Hus als Sechzehn- oder Siebzehnjähriger, also in den Jahren 1388 bis 1390, geschafft haben. Als er in Prag ankam, wird er nicht viel Geld in der Tasche gehabt haben. Wie viele andere wird er sich sein Auskommen als studentische Arbeitskraft verdient haben. Die damaligen „Werkstudenten" hatten überschaubare Möglichkeiten zur Finanzierung ihres Studiums: Chorgesang in den Kirchen und Abteien hieß eine. Die andere: Im Collegium Carolinum als Diener der Professoren zu arbeiten – vom Butler und Kleiderwäscher bis zur wissenschaftlichen Hilfskraft.

Einem seiner Förderer wird er in dieser Weise behilflich gewesen sein. Jener, der ihm wahrscheinlich die Tür geöffnet, ihm die Einschreibung an der Uni ermöglicht hat, stammte aus Prachatitz und hieß Christian – wie Hus mit dem Herkunftsort als Namenszusatz, also Christian von Prachatitz. Er war ein paar Jahre älter als

Jan und bereits Magister. Das heißt, er hatte die erste Etappe des Studiums, die Jan nun vor sich hatte, bereits zurückgelegt und selbst begonnen, seinen Lebensunterhalt als Lehrender zu verdienen.

Das Grundstudium, „septem artes liberales", widmete sich, wie der Name sagt, den sieben freien Künsten: Grammatik, Rhetorik, Logik, Arithmetik, Geometrie (hauptsächlich Geografie), Astronomie und Musik. Jan aus Husinec studierte konsequent und zielstrebig, neugierig und ernsthaft. Aus dem Superschüler wurde ein Musterstudent. Wie er später über sich selbst sagte: *Von der ersten Zeit meines Studiums an habe ich mir dies als Regel genommen, dass, so oft ich in irgendeiner Sache eine gesündere Ansicht vernähme, ich von meiner früheren dann abließe, da ich wohl weiß, dass, was wir wissen, weit weniger ist als das, was wir nicht wissen.*

Diese Haltung galt keineswegs nur dem Studienalltag, sondern auch jenen Thesen, Predigten und Schriften, denen der junge Mann im studentischen und im böhmischen Milieu der goldenen Stadt begegnete. Da wurde zum Beispiel immer noch über die beeindruckenden Bußpredigten des schon zwanzig Jahre toten Konrad Waldhauser (oder Konrad von Waldhausen) gesprochen. Abschriften seiner Ansprachen wurden unter den Studenten weitergereicht. So etwas wie ein Früh-Journalist schien der wortgewaltige, um 1325 in Waldhausen/Oberösterreich geborene Priester zudem gewesen zu sein. Denn er gab eine Art Zeitschrift heraus, in der er seine humanistischen Thesen erklärte. Waldhausens Thema war die „Ecclesia sancta". Die heilige Kirche, so forderte er, müsse von der Simonie, der Sucht nach Geld und Laster, geheilt werden. Den ersten Schock hatte er, ähnlich wie Martin Luther 170 Jahre später, bei einer Reise nach Rom zu verkraften gehabt, wo ihm das Geschäft mit Reliquien und sonstiger absurder Handel die Augen öffneten. Zunächst predigte er in Wien. Bei einem Gastauftritt Ostern 1363 in Prag erlebten seine Predigten einen solch gewaltigen Zulauf, dass dies dem Kaiser auffiel. Waldhausen kritisierte die Steuerfreiheit des Klerus, vor allem aber die Aktivität der Bettelmönche, die das eingesammelte Geld keineswegs an die Armen weitergaben. Sie bettelten alleine für den eigenen Luxus und Komfort. Seine Kritik an diesen Zuständen machte Waldhausen sowohl bei Hofe als auch in bürgerlichen Kreisen enorm populär. Der Kaiser organisierte eine Pfarrstelle für ihn, er blieb in Prag.

1366 wurde er in Rom wegen Häresie angeklagt, musste deshalb 1368 in die ewige Stadt reisen. Diverse Freunde aus Kirchenleitung und Aristokratie versuchten, den Prozess zu verhindern beziehungsweise für seine Einstellung zu sorgen, selbst ein Bruder des amtierenden Papstes Urban V. Noch vor Prozessende kehrte Waldhauser beschützt von Karl IV. Rom den Rücken und reiste heim nach Prag, wo er bald darauf starb und deshalb nicht mehr als Ketzer bestraft werden konnte.

Waldhauser hatte zwar auf Deutsch und Lateinisch gepredigt, um ihn scharte sich jedoch ein Kreis böhmischer Priester und Theologen. Am meisten hatte diese seine Ablehnung der scholastischen Lehre von der Dreiteilung des Volkes begeistert. Die hatte im frühen 11. Jahrhundert Bischof Adalbert von Laon formuliert: „Dreigeteilt ist das Haus Gottes: die einen beten, die anderen kämpfen und herrschen, die dritten arbeiten. Es gibt nur diese drei Gruppen, eine weitere Teilung gibt es nicht." Es gab also Priester, Ritter und Könige und das arbeitende Volk. Für die dritte Gruppe hatte Adalbert immerhin Mitleid übrig: „Wer kann ihre Pflichten beschreiben, ihre Mühsal, ihren Einsatz, ihre überaus schweren Arbeiten? Für alle müssen sie die Kleidung und die Verpflegung schaffen, und kein Adeliger kann ohne ihre Arbeit leben." Die Gottebenbildlichkeit aller Menschen, zur Freiheit befreit, Bergpredigt? Alles perdu! Ungleichheit und Unfreiheit galten plötzlich als gottgegeben, damit die Gesellschaft im Sinne der Herrscher und des Klerus funktionierte. Dagegen begehrte Waldhausen auf.

Zu seinen Nachfolgern gehörten unter anderem Tomas Stitny und der aus Mähren stammende Gelehrte Konrad Militsch. Militsch war zunächst an der Hofkanzlei König Karls IV. beschäftigt. Für Verdienste um die Funktionsfähigkeit der königlichen Verwaltung war er mehrfach ausgezeichnet worden. Irgendwann jedoch konnte er den wohldotierten Job und seinen Einsatz für das arbeitende Volk nicht mehr mit gutem Gewissen vereinbaren. Er stieg aus dem Regierungsbetrieb aus und zog tschechisch predigend durchs Land. Eine erkleckliche Zahl begeisterter Jung-Priester folgte ihm. Man gründete eine Predigerschule. Und die zornigen jungen Männer verteidigten ihr Idol Militsch, als der Prager Stadtkirchen-Klerus ihn beim Papst wegen Ketzerei anklagte. Militsch starb 1374 in Avignon, nachdem er beim dortigen päpstlichen Hof erfolgreich alle Anklagen zurückgewiesen hatte.

An der Uni ist Hus den engsten Schülern, Freunden und Nachfolgern von Militsch begegnet: Thomas Stitny und dem noch bekannteren Matthias von Janov, ebenfalls südböhmischer Herkunft. Matthias aus Janov predigte in der Nikolaus-Kirche in der Prager Altstadt. Wie seine geistlichen Vorgänger setzte er sich öffentlich und heftig mit dem aktuellen Zustand der Kirche auseinander. Aber er schlug auch neue Töne an. Nur die Heilige Schrift sei gültige Grundlage für Glauben und Lehre, meinte er. Und er griff die seit fast 300 Jahren anerkannte Vorstellung vom Papst als Herrscher über die Christenheit an, die Gregor VII. in der Auseinandersetzung mit Kaiser Heinrich dem IV. begründet hatte. Nicht der Bischof von Rom sei Oberhaupt der Kirche, sondern allein Christus. Die Befehle einer verdorbenen Priesterschaft dürften von aufrichtigen Gläubigen also durchaus ignoriert werden. Ferner geißelte Janov das ausufernde kirchliche Zeremoniell und die seltsamen Nebenkulte um Heilige, Reliquien und Bilder. Er forderte Brot und Wein – die Eucharistie für alle in beiderlei Gestalt. Außerdem betonte er, dass bereits in der Bergpredigt Jesus und mit ihm Gottvater die Armen, Schwachen und Missachteten erwählt habe. Es kam, wie es kommen musste: Auch gegen Matthias von Janov wurde die Inquisition tätig und leitete ein Verfahren wegen Ketzerei ein. Janov hatte offenbar nicht die Kraft, dies durchzustehen. Er unterwarf sich und erhielt Predigtverbot. Bald darauf, 1393, starb er. Seine Texte über das Neue und das Alte Testament in lateinischer Sprache gelten als erster literarischer Versuch einer reformatorischen Theologie. Andere, allen voran der Scholar Jan Hus, nahmen sie auf und trugen sie weiter.

Baccalaureus

Jan Hus absolvierte 1393 den ersten Teil seines Studiums der freien Künste, das sogenannte „Trivium", bestehend aus Grammatik, Rhetorik und Dialektik. Nun durfte er sich Baccalaureus nennen. Sicher hat er diesen erfolgreichen Schritt ein wenig gefeiert; auch wenn er sich studentischen Spaß im Nachhinein auf die Sündenliste schrieb: *Solange ich an Jahren und Verstand jung gewesen, war ich auch einer von der närrischen Horde.*

Was er sich später noch mehr verübelte: Er nahm 1393 an einem „Jubelablass" teil. Die Prager Universitätschronik enthält einen in späteren Jahren verfassten Text darüber. Dort heißt es, dass der Ablass nachweislich keine heilsame Wirkung bei den zahlenden Büßern gehabt habe. Und niemand, so klagt der Autor, habe sich gegen diese „simonistische Schlechtigkeit" gewehrt. Selbst Magister und Doktoren hätten die teuren Ablasszettel gekauft. „Auch der Magister Johannes Hus, welcher damals noch nicht Presbyter war, ließ sich elend täuschen, dass er auf dem Vysehrad" – in der Kirche St. Peter und Paul – „beichtete und dem Beichtvater die letzten vier Groschen, die er hatte, hingab, so dass er nun nichts mehr als trockenes Brot zum Essen hatte." Später, weiß der Chronist, „bereute er das vielmal und bekannte auch öffentlich auf der Kanzel seine alberne Wallfahrt". Noch einige Jahre später, bereits im Exil und seines Lehramts verlustig, unterstrich Hus diese Darstellung mit den Worten: *Oh, die betrügen sich, die vor dem Papst niederfallen und alles für gut halten, was er tut, wie ich es auch für gut hielt, als ich die Heilige Schrift und das Leben meines teuren Heilandes noch nicht kannte!*

Während seiner ersten Prager Jahre hatte Hus oft nicht viel mehr als Brot zu essen. Immerhin gab es ab und zu ein wenig Gemüse, das er mit einem speziellen Löffel verspeiste: *Als ich noch ein hungriges Studentlein gewesen bin, machte ich mir aus Brot eine Art Löffel und aß damit solange Erbsen, bis ich schließlich auch den Löffel aufgegessen hatte.*

Auch den zweiten Teil des Grundstudiums absolvierte der Südböhme zügig. Im „Quadrivium" ging es um Astronomie, Geometrie, Arithmetik und Musik. Zu letzterer hatte Hus zeitlebens eine intensive, vielleicht die einzige zugelassene Gefühlsbeziehung. Die in seinen Texten immer wieder auftauchende Herabsetzung von Lust und Frohsinn, seine rabiate Verneinung der Sexualität dürfen zum guten Teil als theologische Rhetorik verstanden werden, als deutliche Distanzierung vom Lotterleben des Klerus, mit dem er nicht in einen Topf geworfen werden wollte.

An Freunden hat es ihm jedenfalls weder in den Carolinum-Zeiten noch später je gefehlt. Ja, man kann sagen: Er war beliebt und die alten Lehrer und Kommilitonen waren es, die ihn später manches Mal vor den schlimmsten Dingen bewahren konnten. Mit ihnen wird er auch mal ein Gläschen Wein getrunken oder eine Wurst zum Erbsenpüree gegessen haben.

Während sie dann zusammensaßen und aßen, mögen auch ein paar Scholaren unter ihnen gewesen sein, die immer und immer wieder den seltsamen Namen eines fremdländischen Gelehrten nannten: John Wyclif.

Hus und Wyclif

Dass die Thesen des britischen Theologen John Wyclif nach Böhmen gelangten, war ebenfalls ein Nebeneffekt der dynastischen Emsigkeit des Luxemburger Herrscherhauses, namentlich Karls IV. 1382, vier Jahre nach Karls Tod, heiratete seine sechzehnjährige Tochter Anne, Halbschwester von Wenzel, den fünfzehnjährigen König von England, Richard II. Historiker halten es für sicher, dass diese Ehe noch der alte Kaiser eingefädelt hatte, nachdem Richard 1377 im Alter von zehn Jahren britischer Monarch geworden war.

Die neue Beziehung sorgte für regen Austausch zwischen den Königreichen. Böhmische Scholaren reisten nach England und besuchten die Universität Oxford, die im Zuge der eigenständigen Entwicklung des Inselreiches mehr als hundert Jahre vor der Prager gegründet worden war. Von dort brachten die jungen Böhmen die philosophischen und theologischen Texte John Wyclifs mit, der 1384 gestorben war.

Wer war dieser 1330 in der Grafschaft Yorkshire geborene John Wyclif? Im Alter von einunddreißig Jahren, so viel ist bekannt, begann er sein Theologiestudium in Oxford. Er leitete kirchliche Colleges. Ende der 60er Jahre kam es zum Bruch mit der Kirche. Wyclif wechselte in die Politik und vertrat die Interessen des Königs und des Staates. Im Nebenamt blieb er jedoch Gemeindepfarrer.

Der Theologe Walter Nigg beschreibt Wyclif in seinem „Buch der Ketzer" so: „Nach einer verbreiteten Anschauung wird John Wyclif als ein Vorreformator hingestellt, der selbstverständlich noch nicht die Höhe reformatorischer Erkenntnis erreicht habe. Diese Auffassung zeugt […] von kontinentaler Überheblichkeit […]. Er ist einer der größten Anführer aller Zeiten im Aufruhr gegen die priesterliche Macht, da er die damit zusammenhängenden Probleme prinzipiell durchdacht hat. Dieser Engländer ist nicht zufällig auf einen schwachen Punkt im kirchlichen System gestoßen, er hat viel mehr bewusst die Axt an die Wurzel des Baumes gelegt. Wyclif hat die Erhebung gegen den kirchlichen Herrschaftsgedanken wie wenige geschürt, die nötigen Waffen geliefert und damit eine Bewegung ins Leben gerufen, die nicht mehr zur Ruhe kam."

Wyclifs theologische Grundlinie sprach Kirche und Papst jede irdische Macht ab. Das richtete sich gegen geltendes Recht in diversen Königreichen und Herrschaftsgebieten. Fast überall hatte sich die Kirche einen machtvollen Sonderplatz verschafft, der es ihr ermöglichte, mit der Einnahme von Lehenszinsen und durch Ämterverkauf Umsatz zu machen und imperiale Gewalt auszuüben.

Wyclif forderte die Kirche auf, das „päpstliche Antichristentum" abzustreifen. „Alles ist Gott", formulierte er. Oder: „Gottes Freiheit besteht darin, dass er das Notwendige will." Schluss mit allem Überflüssigen, das nur dazu dient, die bischöflichen und päpstlichen Geldbeutel zu füllen! Keine Bilder- und Reliquienverehrung mehr, kein Heiligenkult und auch kein Zölibat! Eine Kirche des Besitzes, erklärte Wyclif, sei schon allein deswegen „häretisch", weil sie gegen Jesu und der Urchristen Armutsgebot verstoße.

Aber auch theologisch formulierte er schon, was in den kommenden beiden Jahrhunderten Kernbestand reformatorischer Identität wurde. Zum Beispiel: Man braucht nicht die Ermächtigung durch Papst oder Bischof, jeder darf Gottes Wort predigen. Oder: Wenn ein Mensch Sünden bereut, ist jede äußere Beichte gegenüber einem Priester für ihn überflüssig und unnütz. Außerdem verneinte Wyclif die eucharistische Wandlung von Brot und Wein in Leib und Blut Christi.

Dass Wyclif nicht eines gewaltvollen Todes starb, sondern im Frieden der englischen Provinz während einer Messe vermutlich einen Schlaganfall erlitt, ist seiner Popularität beim gemeinen Volk auf der Insel zu verdanken. Zwar wurden seine Thesen und Werke sowohl von der Universität Oxford als auch von einer englischen Bischofsynode als häretisch verurteilt und er verlor seine Ämter; gegen ihn als Person vorzugehen, traute man sich jedoch nicht, denn man befürchtete einen Volksaufstand.

Das Entstehen des päpstlichen Schismas 1378 wird Wyclif ebenfalls geschützt haben. Im Streit zwischen Franzosen und Römern über die Nachfolge des verstorbenen Papstes Gregor XI. konnte man sich nicht auf einen Nachfolger einigen. Die französischen Kardinäle erklärten den römischen Urban VI. für unfähig und wählten ihrerseits Clemens VII. zum Papst, mit Sitz in Avignon. Da beide Päpste den englischen König als wichtigen Partner jeweils auf ihre Seite ziehen wollten, vermieden sie alles, was sichtbar hätte Ärger machen können.

Die Prager Wyclifiten

Hus war nicht der einzige im Prag der 1390er Jahre, der Wyclif schätzte. Unter den jüngeren Magistern der böhmischen Nation entwickelte sich eine immer größer werdende Gruppe von „Wyclifiten". Einer der ersten und längere Zeit der Kopf dieser Fan-Gemeinde war ein Mann namens Stanislaus aus Znaim, einer überwiegend von deutschsprachigen Menschen bewohnten Stadt in Süd-Mähren, nicht weit von den Grenzen zu Österreich und Ungarn. Fast zwei Jahrzehnte lehrte Stanislaus an der Prager Artisten-Fakultät und einer seiner besten und engagiertesten Studenten war Jan Hus, mit dem ihn eine immer enger werdende Freundschaft verband. Neben ihm fiel ein anderer, noch jüngerer Student auf, genannt Hieronymus von Prag. Und ein dritter: Stephan Paletsch.

Jan Hus hat Wyclifs Schriften nicht nur gelesen, sondern auch fein säuberlich abgeschrieben. Das musste man in diesen Zeiten tun, wenn man ein kostbares Buch ins eigene Regal stellen wollte. In der Königlichen Bibliothek in Stockholm befindet sich eine Handschrift, von den schwedischen Truppen während des Dreißigjährigen Krieges (1618–1648) in Prag geraubt. Der Text in lateinischer Sprache ist am Ende mit folgender Würdigung versehen: „Hiermit endet das Traktat ‚De veris universalibus' des verehrten Magisters Johannes Wyclif, des wahren und großen Professors der heiligen Theologie, im Jahr des Herrn 1398, am Tag des slavishen Hieronymus [30. September] geschrieben von der Hand des Hus von Husinec."

Hus hat den Text an zahlreichen Stellen mit Kommentaren und glossierenden Bemerkungen versehen. Dreimal schrieb er etwa an den Rand: *Haha, die Deutschen, haha*. Einmal: *Haha, die Deutschen, haha, raus, raus*. Diese spitzen Sprüche beziehen sich nun keineswegs auf die deutschsprechenden Bewohner Prags oder ganz Böhmens. Sie gelten den Kollegen der deutschen Nation an der Universität, vor allem in der theologischen Fakultät, die sich in den wichtigsten theologischen Grundsatzfragen eindeutig gegen Wyclif gestellt hatten.

In der Geschichtswissenschaft wird bis heute gerätselt, warum gerade die tschechischen Theologen so großen Gefallen am Werk Wyclifs fanden. Jan Hus war in dieser Zeit jedenfalls einer von vielen.

Als Hus die Abschrift anfertigte, war er nach dem Abschluss des zweiten Studienteils bereits zwei Jahre als Lehrender tätig. Gleichzeitig studierte er Theologie. Man wählte ihn zum Examinator bei Bakkalarsprüfungen. Damit war er nun tatsächlich mit allen Rechten ein Mitglied des Lehrkörpers seiner Fakultät.

Im Jahr 1400 nahm er die nächste Sprosse auf der universitären Karriereleiter. Man ernannte ihn zu einem der vier „Dispensatoren" der böhmischen Nation an der Carolina. Damit erhielt er das Recht, Privatvorlesungen über selbstgewählte Themen zu halten. Sein Theologiestudium setzte er fort. Außerdem wurde er zum Diakon und noch im selben Jahr zum Priester geweiht. In der St. Michaelskirche in der Prager Altstadt hielt er seine ersten Predigten. Seine wichtigste Begabung, das öffentliche Reden, begann Aufmerksamkeit zu erregen. Außerdem kamen bald die ersten Abschriften seiner Texte in Umlauf.

Drittes Kapitel

Für Böhmen predigen

Die Zeiten, in denen Jan Hus in diese neue und entscheidende Phase seines Lebens eintritt, sind stürmisch in Böhmen. Stürmischer als je zuvor, obwohl es in der Amtszeit König Wenzels eigentlich immer drunter und drüber ging. 1384 und 1394 schien es bereits so, als wäre seine Zeit auf der Prager Burg zu Ende. Namentlich Jobst von Mähren, ein Vetter des Königs, hatte mehrfach versucht, die Macht an sich zu reißen. Er setzte den König sogar vorübergehend gefangen, scheiterte aber immer wieder an neu entstandenen Koalitionen rund um die luxemburgische Dynastie.

Wenzel, der am liebsten mit seinen Hunden hinter verschlossenen Türen in der Burg saß, musste am 20. August 1400 einen neuen Putsch verkraften. Der ereignete sich im Westen des römisch-deutschen Reiches auf der Burg Lahneck bei Lahnstein. Dort hatten sich die vier rheinischen Kurfürsten unter Führung des Erzbischofs von Mainz versammelt. Sie erklärten Wenzel als römisch-deutschen König für abgesetzt. Ihr Vorwurf: „Wenzel ist ein unnützer, saumseliger, nicht achtbarer Handhaber der Herrschaft im Heiligen Römischen Reich." Er lasse jede königliche Statur vermissen und führe das Reich in den Abgrund.

Die Kurfürsten wählten auch gleich einen Nachfolger, natürlich einen der Ihren. Da es keiner der drei Erzbischöfe (von Mainz, Trier oder Köln) sein konnte, blieb nur der Pfalzgraf bei Rhein, Ruprecht III., aus der Familie der Wittelsbacher, übrig. Natürlich ging es auch wieder um die böhmische Krone. Und da spielte erneut

Vetter Jobst aus Mähren mit. Wenzels Gegner rückten mit einem großen Militäraufgebot in Böhmen ein. Die Truppen Ruprechts aus Bayern kamen nicht wie geplant voran. Aber von Norden näherten sich die Soldaten des Markgrafen von Meißen, vereint mit Jobsts Rittern und – das beschreibt die Dramatik – den Armeen des böhmischen Herrenbundes, also des einheimischen Hochadels.

Als die Truppen Prag erreichten, stiegen die Prediger auf die Kanzeln und versuchten die ebenso eingeschüchterten wie unentschlossenen Prager zum Widerstand, zur Verteidigung der Hauptstadt und des Königs gegen die Feinde aufzurufen. Zu diesen Ermutigern zählte auch der Magister und Neu-Prediger Jan Hus. Es ging um Böhmen – lieber ein Königreich unter einem schwachen, aber wohlbekannten und Prag verbundenen Herrscher, als in die Hände der „Deutschen" zu geraten, die mit dem Land nichts im Sinn hatten und es nur für ihre Interessen benutzen wollten.

Vor allem die Truppen des Meißner Markgrafen taten einiges, um dem Prediger Hus Anschauungsmaterial für seine Kanzelreden zu liefern. Im ländlichen Raum rund um die Hauptstadt plünderten, vergewaltigten und mordeten die sächsischen Soldaten in schrecklichster Manier. In der Michaelskirche ließ Jan Hus 1401 seinem Zorn gegen die Okkupanten freien Lauf. Der Originaltext der Predigt ist nicht bekannt, aber 13 Jahre später, in Konstanz, reagierte Hus auf den Vorwurf seiner Ankläger, er habe die slawischen Böhmen gegen die Deutschen aufgewiegelt, so: *Als die Bayern und ähnlich die Meißner das Königreich Böhmen angriffen, Dörfer niederbrannten und die armen Böhmen quälten und töteten, bedauerte ich die Übeltaten und habe gesagt: dass in dieser Hinsicht die* [slawischen] *Böhmen schlechter dran seien als Hunde und Schlangen, weil sie ihr Reich nicht verteidigen, obwohl sie doch einen gerechten Grund hatten. Genauso habe ich gesagt und sage, dass die Böhmen [Tschechen] im böhmischen Königreich nach den Gesetzen, nach dem Gesetz Gottes und nach dem natürlichen Instinkt die Ersten in den Ämtern des Königreichs Böhmen sein müssten, wie die Franzosen in Frankreich, die Deutschen in ihren Ländern; der Böhme [Tscheche] soll seine Untergebenen regieren und der Deutsche die Deutschen. Was soll es für ein Nutzen sein, wenn ein Böhme [Tscheche], der kein Deutsch kann, in Deutschland Pfarrer oder Bischof wäre? Das ist ein Hund bei einer Herde, der nicht bellen kann. Soviel nützt uns [slawischen] Böhmen ein Deutscher!*

Dabei gilt es festzuhalten, dass Hus das Haus Luxemburg nicht als Feind der tschechischen Böhmen ansah. So scheint es ihn in der folgenden Zeit auch nicht sehr gekümmert zu haben, dass sich der Kampf um die Macht in die Familie selbst verlagerte. Sigismund, der König von Ungarn und Halbbruder Wenzels, wurde auf Druck des Hochadels vom König quasi zum amtierenden Chef in Böhmen ernannt. Wenzel, auch in zweiter Ehe kinderlos geblieben, stellte ihm zudem in Aussicht, nach seinem Tode Thronerbe zu werden. Im Gegenzug sollte ihn Sigismund dabei unterstützen, die römisch-deutsche Reichskrone wieder auf sein Haupt setzen zu können – was dieser rasch und gerne zusagte.

Sigismund, sieben Jahre jünger als der böhmische König, scheint seine Zusage allerdings von Anfang an nicht sehr ernst genommen zu haben. Wesentlich mehr Einsatz zeigte er bei der Aneignung des brüderlichen Königreiches. Nach und nach besetzte er die Königsburgen und schaffte Fakten.

Das wiederum erzürnte Wenzel gewaltig. Er beschloss, sich zu wehren – ohne Erfolg. Der einheimische Hochadel machte zunächst weiter gemeinsame Sache mit Sigismund, der den König gefangen setzte und zeitweise außer Landes verschleppte. Doch dann wechselten die Herzöge und Grafen, wieder einmal angeführt von Jobst von Mähren, die Seiten. Ihnen dämmerte, dass der ungarische Luxemburger gefährlicher und schlauer war als Wenzel. Hinzu kam: Sigismund hatte einen absoluten Unsympathen, den geldgierigen und deshalb sehr verhassten Bischof von Litomysl, als seinen Stellvertreter in der Rolle des Landesverwesers eingesetzt. Wenzel konnte aus dem brüderlichen Gewahrsam entfliehen und saß in den nächsten Jahren, geschwächt und erfolglos gegen Ruprecht III. auf die römisch-deutsche Krone pochend, in der Königsburg auf dem Hradschin.

Bethlehem

Jan Hus hatte inzwischen seine Doppelkarriere als Wissenschaftler und Priester fortgesetzt. Die artistische Fakultät hat ihn für ein Wintersemester (1401) zu ihrem Dekan ernannt und ihm damit die höchste Würde verliehen. Er schrieb eine Auslegung zu einer der bedeutendsten theologischen Veröffentlichungen des Mittelalters, zum Sentenzenkommentar des Petrus Lombardus. Dies brachte ihm den Titel „Baccalaureus formatus" ein, nur noch zu übertreffen durch den Doktorgrad. Die akademische Arbeit am Schreibtisch blieb ihm wichtig. Doch von nun an trat sie in den Hintergrund.

Am 14. März 1402 übernahm er die Rolle des „Rektors und Predigers" an der Kapelle der Unschuldigen Kindlein von Bethlehem. „Bethlehem" – das war unter den tschechisch sprechenden Menschen in Prag zu dieser Zeit bereits ein fast magischer Begriff, hier schlug das Herz, hier wurde ihre Identität sichtbar. Dass ein

Gotteshaus, das etwa 3 000 Menschen Raum bietet, nur „Kapelle" genannt wurde, hatte seinen Grund. „Bethlehem" war keine Pfarrkirche, sondern lediglich ein Ort für Predigten. Messen, liturgische und sakramentale Handlungen, das Geschäft des normalen Klerus fanden in diesem Gebäude nur in Ausnahmefällen statt.

„Bethlehem" war die Stiftung eines wohlhabenden Prager Patriziers und Kaufmanns mit dem Namen Kriz (deutsch: Kreuz). Er stellte den Baugrund zur Verfügung. Die „Öffentlichkeitsarbeit" für den neuen Böhmen-Treff leistete der am Königshof hoch angesehene Johann von Mühlheim. Ein Deutscher, wie sein Name zeigt, aus dem Breslauer Bürgertum stammend. Was bewog diese Leute dazu, den Ort für tschechische Predigten in der Nachfolge Militschs und Janovs zu schaffen? Möglicherweise leitete sie politisch-taktische Vernunft. Etwa der Gedanke: Besser die Tschechen treffen sich ganz offiziell an einem allgemein zugänglichen Ort und werden predigend gelehrt und unterhalten von einem vernünftigen und berechenbaren Intellektuellen, als dass dies alles quasi im Untergrund und organisiert von dubiosen Figuren geschieht. Der Deutsche Mühlheim war dem Tschechen Kriz durch eine langjährige freundschaftlich-ökonomische Zusammenarbeit verbunden. Zudem entstammte seine Frau Anna dem tschechischen Hochadel. Es ging den beiden offenbar nicht um Nationalismus, sondern um eine friedliche Ausmittelung der Verhältnisse zwischen den ethnisch-sozialen Gruppen in Prag. Tschechische Prager sollten, wie ihre deutschen Nachbarn, ein kulturell-religiöses Zuhause haben.

Mehr als zehn Jahre stand die Bethlehem-Kapelle bereits unmittelbar neben der deutschen Kirche St. Philipp und Jakob, als Hus dort sein Amt antrat. Der Erzbischof hatte sie persönlich geweiht. Und die Grundstücksschenkung durch Kriz hatte noch Generalvikar Johann Nepomuk bestätigt.

Die ersten Prediger waren zwei Gegner der Wyclifiten gewesen. Einen davon, den Zisterziensermönch Johannes Stekna, beschrieb Hus immerhin wohlwollend als eindrucksvollen, *wie eine Tuba dröhnenden Prediger*. Jan Hus bekam die Stelle auf Empfehlung seines Vorgängers Stephan von Kolin, eines Lehrers und Rektors der Universität, der wohl wegen Stress in zahlreichen Ämtern den Predigerjob aufgab. Hus' Amtseinführung als Rektor mit allen Rechten zelebrierte der erzbischöfliche Generalvikar Oger.

Predigen – im späten Mittelalter war dies keine rein theologische Aufgabe. Prediger lehrten zwar, aber sie erzählten auch Geschichten, kommentierten die politische und soziale Lage, regten Diskussionen an und/oder beruhigten die Menschen. Sie benannten Fakten und beflügelten die Phantasie. Die Menschen auf der Kanzel waren damals nicht nur predigende, sondern auch journalistisch Informierende, politisch oder kirchenpolitisch Kommentierende, spirituell Anregende, kabarettistisch und komödiantisch Zuspitzende – und dies alles im absoluten Live-Betrieb.

Jan Hus scheint für die Aufgabe in der Bethlehem-Kapelle die ideale Besetzung gewesen zu sein. Sein Jahresprogramm darf man getrost monströs nennen. Die Regeln in „Bethlehem" verpflichteten ihn zu mindestens vier Kanzel-Ansprachen pro Woche, in der Summe also mindestens 200 pro Jahr. Und dieser Katalog, das belegen Notizen, Mit- und Nachschriften, enthielt die gesamte Bandbreite von Lehre bis Unterhaltung. Zudem erweist sich anhand des Überlieferten, dass Hus' Thematik und Präsentation dem jeweils zu erwartenden Publikum anzupassen vermochte. Saßen vor ihm akademische Kollegen und gebildete Leute, redete er ganz anders als vor Handwerkern oder Bauern.

Viele seiner Ansprachen waren alltäglich oder gar konventionell. Die älteste erhaltene trägt den Titel *„Sermones de Sanctis"* (Predigten über Heilige). In diesen Texten kommen allerdings neben den üblichen frommen Sätzen aus dem Brevier und Zitaten von Kirchenvätern immerhin schon einige Wyclif-Anlehnungen zur Sprache.

Die Adressaten für harsche Kritik waren aber schon früh die Vertreter der Institution Kirche. Ein Beispiel: *Heutzutage herrschen nicht die Schüler Christi, sondern jene des Antichrist. Zu ihnen zählen Päpste und Bischöfe, die sich nicht scheuen, viele Tausend Menschen, für die Christus gestorben ist, leichtfertig zu bedrücken, um geistliche Ämter zu erhalten.* Ähnlich: *Es steht heute bei Papst und vielen Priestern fest, dass sie Gott nicht lieben, denn sie beachten seine Vorschriften nicht.* Viele dieser Priester, war er überzeugt, lebten nicht als Diener Christi, sondern als Diener der Simonie, der Habgier und des gewissenlosen Leichtsinns. Und die Bettelmönche? Das seien die Schlimmsten. Sie lebten ebenfalls dem Vergnügen und arbeiteten überhaupt nicht, sondern schnorrten sich von den Mitmenschen den Zaster für ihre Späße zusammen und beraubten die Wohlhabenden!

Konkret wurde Hus nicht. Er nannte keine Namen, beschrieb keine erkennbaren Personen. Die Päpste im Schisma musste er natürlich auch nicht beim Namen nennen, die erkannte man in „Bethlehem" auch so.

Ein Angebot vom neuen Erzbischof

Es gab durchaus Kirchenleute, denen dieser Stil des Jan Hus gefiel. Dazu gehörte auch Prags neuer Erzbischof.

Er hieß Zbinko Zajíc, war gerade mal sechsundzwanzig Jahre alt und stammte aus dem Hochadelsgeschlecht von Hasenburg. Er wusste etwas über Kriegsführung und Schwerterkampf. Von Theologie aber hatte er keine Ahnung. Dennoch war er wild entschlossen, eine Kirchenreform im Erzbistum einzuleiten. Dazu bat er Hus um Hilfe. Er setzte eine Provinzialsynode seiner Geistlichkeit an – Hus sollte die Synodalpredigt halten.

Das Image des Jan Hus ist in diesen Jahren noch nicht das eines Ketzers oder Aufrührers. Er wächst in die Rolle des Topstars seiner Zeit hinein – heute vielleicht vergleichbar mit versierten Moderatoren von Talkshows oder Nachrichtenportalen. Die Mächtigen zeigen sich gerne in seiner Nähe, lassen sich Frechheiten und unbequeme Wahrheiten ins Gesicht schmettern. Ein bisschen Volksnähe und Leutseligkeit kann ja nicht schaden. Im Gegenteil – es sorgt für Popularität, wenn etwa eine Nachbarin der anderen erzählt: „Und rate mal, wer sich gestern in der Bethlehem-Kapelle Jan Hus' Predigt angehört hat, ganz bescheiden und ohne große Begleitung?" Selbst dem König wird erzählt, wer sich alles aus dem reichen und kultivierten Milieu in „Bethlehem" unter die kleinen Leute mischt und mit ihnen zusammen den Auftritten des rhetorischen Supermannes lauscht.

Rein äußerlich bleibt Hus der Mann aus dem Volk. Mutmaßlich ein wenig untersetzt, ein rundes Gesicht und – im Gegensatz zu dem, was die meisten Bilder zeigen – ohne Bart. Seine Stimme ist laut und deutlich zu vernehmen, selbst in der vollbesetzten Kapelle. Er referiert melodisch in einem schönen Bariton. Dies macht ihn zu einem Liebling der Frauen, die darüber hinaus seine betont asketische und zölibatäre Lebensweise geradezu herauszufordern scheint.

Einige der wohlständigen Damen sollen Erzbischof Zbinko mit Beifall überschüttet haben, nachdem es ihm gelungen war, Hus für weitere Aufgaben in seinem Kirchenreformprojekt zu gewinnen. Zusammen mit Lehrer Stanislaus von Znaim wird Hus 1404/1405 in eine dreiköpfige Kommission berufen, um das „Blutwunder von Wilsnack" zu untersuchen.

Wilsnack

In Wilsnack, einem Ort in der brandenburgischen Prignitz, hatte ein Pfarrer nach einem Brand in seiner Kirche St. Nikolai 1383 drei unversehrte Hostien mit Blutspritzern entdeckt. Der Bischof von Havelberg wurde von der Entdeckung unterrichtet und bestätigte dem Pfarrer, dass es sich bei den roten Spritzern um das Blut Christi handele. Bald sprach ganz Europa vom „Blutwunder von Wilsnack". Die Nikolaikirche wurde zur Nummer fünf in der Hitliste der Wallfahrtsziele Europas. Aus allen Teilen des Reiches, aus Ungarn und Polen, Schweden, Dänemark und Norwegen machen sich die Menschen auf den Weg ins Havelland. Sie waren oft über Wochen und Monate unterwegs. 1384 schenkte der Papst dem Ort einen Ablassbrief, was die heiligen Geschäfte nun so richtig anfachte.

Die Gemeinde Wilsnack gehörte zum kleinen Bistum Havelberg und damit zur Kirchenprovinz Magdeburg. Der dortige Bischof war dem Erzbischof nachgeordnet, ein sogenannter Suffraganbischof. Dass dort nun ein Anlaufpunkt für Pilger entstand, freute keinen der bischöflichen Nachbarn. Pilgerreisen waren ambulante Volksfeste. Hunderte von Menschen reisten durch die Lande, feierten, tranken und gaben Geld aus. Und dann kauften sie auch noch Ablässe und spendeten im Wallfahrtsheiligtum. Da musste man doch etwas unternehmen!

Besonders heftig agierte der frühere Prager Uni-Rektor Konrad von Soltau. Er war nun Bischof in Verden, nach mehreren Stationen im Dienst von Reich und Kirche. Persönlich ritt er mit seinen Soldaten Patrouillen entlang der Pilgerstraßen und riss den Heimkehrenden die Pilgerzeichen vom Hut. Das entsprang wohl weniger seiner theologischen Abneigung gegen das Wallfahren als vielmehr der Eifersucht auf die sprudelnde Geldquelle der Magdeburger und Havelberger.

Der Prager Kollege Zbinko immerhin dachte politisch. Wenn man dem Spuk ein Ende bereiten wolle, analysierte er die Lage, müsse man das Problem an der Wurzel packen. Mit Waffengewalt und feurigen Appellen gelingt das nicht. Man müsse potentiellen Pilgern theologisch begründet aufzeigen, dass Wallfahrten nach Wilsnack sinnlos sind. Und wer könnte das besser als Znaim und Hus, die Reformtheologen und volksnahen Prediger, die ganz und gar nicht mit dem Image behaftet waren, den Obrigkeiten gefällig zu sein? Das ganze Geschwätz um Wunderheilungen oder wundersame Schwangerschaften musste endlich aufhören!

Hus stimmte zu und machte sich mit seinen beiden Kollegen an die Arbeit – ganz so, wie es sich der Auftraggeber erhofft hatte. Hus interviewt Wallfahrende und spricht mit Zeugen sogenannter Wunder. Er recherchiert in aller Sachlichkeit die Grundlagen inklusive der Hostien-Geschichte. Unter dem Titel *„De Sanguine Christi"* (Vom Blut Christi) sammelt er die Befunde und ordnet sie theologisch ein. So berichten ihm zwei „geheilte", vormals angeblich blinde Frauen: Sie seien nie blind gewesen, sie hätten lediglich mal Augenschmerzen gehabt, auch auf der Wallfahrt nach Wilsnack.

Ein Prager Bürger namens Peter von Aachen erzählt Hus, er sei mit seiner verkrüppelten Hand in der Hoffnung auf Wunderheilung zur Kirche in Wilsnack gereist. Um seine Heilung zu fördern, habe er in der Wallfahrtskirche eine Hand aus reinem Silber als Opfergabe gespendet. Nichts sei geschehen. Da er aber noch immer auf das Wunder gehofft habe, sei er noch ein paar Tage in Wilsnack geblieben und natürlich sei er auch täglich zur Heiligen Messe gegangen. Dort habe er dann persönlich einen Priester zur Gemeinde sagen hören: „Kinder, hört das Wunder! Ein Prager Bürger ist durch das Blut Christi an seiner verkrüppelten Hand gesundet. Und zum Zeugnis dessen spendete er eine silberne Hand!" Peter, so schreibt Hus, sei daraufhin aufgesprungen und habe gerufen: „Warum lügst du, Priester? Sieh, meine Hand ist nach wie vor verkrüppelt!"

Das Fazit des Berichts fällt eindeutig aus: Die sogenannten Wunder sind nichts als Schwindel; maßlose Übertreibungen alltäglicher Vorfälle. In enger geistiger Nachbarschaft zu Wyclif und in bester reformatorischer Klarheit zieht Hus einen theologischen Schlussstrich. Die Berichte der in ihrer Sehnsucht enttäuschten Pilger seien keine Hinweise darauf, dass sie einfach Pech gehabt hätten oder nicht fromm genug seien. Vielmehr sei es praktisch unmöglich, in Wilsnack eine Wunderheilung zu erfahren, weil die roten Flecken auf den Hostien gar kein Blut Jesu sein könnten. Der Leib Christi sei bei der Auferstehung und Himmelfahrt schließlich vollständig *vergeistigt* worden. Nichts Physisches sei auf der Erde geblieben, meint Hus: *Deshalb dürfen die Gläubigen nichts auf der Erde Vorhandenes, das als Blut oder sonst ein Körperteil Christi ausgegeben wird, verehren. Denn dies ist nichts als Täuschung!*

Nur im Altarsakrament, in der Eucharistie, sei das Blut Christi präsent, merkt Hus an. In diesem Punkt argumentierte der Prager Lehrer schon in *„De Sanguine Christi"* nicht ganz auf der Linie Wyclifs, der die tatsächliche Präsenz von Leib und Blut in Brot und Wein nicht anerkannte, sondern lediglich ihre geistlich-geistige Anwesenheit.

Den Gläubigen schreibt Hus mit Hinweis auf den ungläubigen Thomas – „Selig sind, die nicht sehen und doch glauben" – ins Gewissen, dass allein der Glaube an die nicht sichtbare Gnade Gottes im Sinne der Evangelien sei. Alles andere sei vordergründiger Tand und deshalb zu überwinden. Und so endet *„De Sanguine Christi"* ganz im Sinne des geistlichen Vorläufers Wyclif und der Nachfolger Luther, Zwingli und Calvin mit der knappen und unmissverständlichen Feststellung: *Wer Wunder braucht, ist schwach im Glauben.*

Erzbischof Zbinko zeigt sich hochzufrieden mit der Arbeit seiner Kommission. Im Juni 1405 lässt er für seine Erzdiözese die Wallfahrt nach Wilsnack verbieten. Das Gutachten wirkt auch über Böhmen hinaus. Der Wilsnacker Wunderkult bricht restlos zusammen. Noch mehr: Die Prager Analyse erweist sich als schwerer Schlag gegen die gesamte Ablass- und Wunder-Branche. Das ertragreiche Geschäft mit Reliquien und Heilszeichen gerät in die Krise, die Umsätze gehen deutlich zurück. Das wiederum finden nur wenige der deutschen wie böhmischen Bischöfe und Äbte gut. Sie meinen, dass der Prager Erzbischof deutlich übertrieben und zudem obskuren Reformern wie Hus auch noch eine Plattform eröffnet habe. Auch im eigenen Klerus, vor allem im hauptstädtischen, ist deutliches Murren und Knurren zu vernehmen. Irgendwie müsse sich die Kirche doch zusätzliche Finanzmittel beschaffen können.

Und noch eine Plattform

Der Widerstand scheint Erzbischof Zbinko und seine Berater nicht geärgert zu haben – im Gegenteil. Offenbar erfreute die allgemeine Aufmerksamkeit den Diözesan-Chef und seine Mannen. Warum? Es war nicht anders als heute auch: Hauptsache, ich werde als neue Führungskraft von einer breiten Öffentlichkeit wahrgenommen. Der Zbinko, der tut was! Wenn alle über seine Motive rätseln – warum mit Hus und Stanislaus, mit diesen Quertreibern? –, kann niemand bestreiten, Zbinko verfolgt einen eigenen Plan. Er ist nicht der verlängerte Arm anderer Leute. Er ist nicht das „Organ" des Königs, der Priester, der Kaufleute. Er ist selbst politisch wie kirchenpolitisch ein Machtfaktor. Vor allem deshalb beschäftigte sich der Jung-Erzbischof mit dem Thema „Reform" – es ging ihm um die Stärkung der eigenen Position. Die Ideen und die Theologie, die hinter Hus' und damals auch Stanislaus von Znaims Ansichten standen, nahm der „Reformer" Zbinko in Kauf – vorübergehend (wie wir heute wissen).

So ist auch die nächste Aktion des Erzbischofs und seines Managements nachvollziehbar. Sie nominieren Hus und Stanislaus als Prediger für die Synoden des Erzbistums im Jahr 1405. Im Oktober darf Hus erstmals von der Kanzel zum Klerus der gesamten Diözese sprechen. Sein Thema stammt aus dem Matthäus-Evangelium (22,37): „Du sollst den Herrn, deinen Gott, lieben von ganzem Herzen, von ganzer Seele und von ganzem Gemüt."

Der Prediger kommt rasch zur Sache. Schon in der Einleitung geht es ihm um die Kirche. Ganz im Sinne John Wyclifs und dessen Text „De Ecclesia" unterscheidet Hus zwischen der sichtbaren Kirche, dem materiellen Haus, und der unsichtbaren, der geistlichen Heimat der Christen. Die *irdische* Gestalt der Kirche, das römische Papsttum, inklusive der dort verehrten heiligen Menschen und Sachen, aber auch das Erzbistum Prag mit seinem etablierten Klerus, sei nicht die eigentliche, die in den Evangelien als Kirche formulierte Vision. Kirche an sich sei *unsichtbar*, sei eine geistliche Heimat, sei die Gemeinschaft der Gläubigen, der *Prädestinierten* – also der von Gott Auserwählten. Dieses ideelle, geistliche Domizil ist nach Auffassung des Magisters gemeint, wenn von der Kirche als der *Braut Christi* gesprochen wird.

Hus kommt sodann auf die Menschen und ihre soziale Ordnung zu sprechen und beschreibt Gottes Beziehung zu ihnen. Lieb habe der himmlische Vater all jene, die von ihrer Hände Arbeit lebten. Den weltlichen Herren sei Gott ebenfalls zugeneigt, soweit sie den Risiken widerstehen, denen sie ausgesetzt seien: Arroganz oder Hoffart, weltliche Begierden und sexuelle Geilheit, körperliche Wollust. Am liebsten aber sei Gott der Klerus, also jene, die ihr Leben der Verkündigung seiner Botschaft verschrieben haben. Doch: Wenn jemand aus diesem Stand in Sünde lebe, werde er – wie alle, die besonders hoch fliegen – in schrecklichste Tiefen stürzen. Die Geistlichen, meint Hus, erhielten von Gott eine Art Vorschuss. Wenn sie den verprassten, würden im Sinne der Bergpredigt aus den Ersten die Letzten. In diesem Sinne fügt er gleich an: *Sehr oft übertrifft der niedrigste Stand der einfachen Laien die anderen an Tugenden* – die Letzten werden die Ersten sein.

Nach dieser allgemeinen Vorrede wird Hus sehr konkret und wendet sich den Klerikern ganz direkt zu: *Hurende* Geistliche seien der größte Skandal, sie kennzeichneten den moralischen Verfall. Sie sollten schwer bestraft und von Christus und seiner Kirche getrennt werden. Gemeint sind eindeutig die Exkommunikation, also der Ausschluss von der Teilnahme an der Eucharistie, sowie die Suspendierung, der Verlust aller Ämter. Dies seien jedoch nur irdische Zeichen für das, was den Versagern von Seiten Gottes drohe: der Verlust des Zugangs zum Himmelreich, zum Paradies, stattdessen die Verdammung zu Höllenqualen. Hus' Appell lautet: *Oh Geistlicher! Wenn du diesen schrecklichen Strafen zu entgehen wünschst, so musst du die Hurerei des Leibes als auch der Seele vermeiden!*

Hus fächert das Sündenregister des Klerus noch weiter auf. Er kommt auf die Hab- und Herrschsucht der Geistlichen zu sprechen, die ebenso wie ihre weltlichen Gegenüber *das Volk auspressen* und ihre eigentliche Aufgabe der Seelsorge verweigerten. Als grausamste Inkarnation der Verlogenheit und Habsucht entlarvt Hus die sogenannten „Bettelorden", die *fetten Mönche des Herrn*, die ihre Armut lediglich vortäuschten, um an Geld zu kommen. Darüber hinaus *erbettelten* sie sich von Päpsten, Bischöfen, Königen, Aristokratie und Patriziat Kirchen mit reichen Pfründen. Mit seltsamen Festen, Lügengeschichten, Possen, Wunderwerken und Ablässen versuchten diese Groß-Kriminellen über das Betteln hinaus die ganze Gesellschaft auszurauben.

Und wie soll dem allen ein Ende bereitet werden, da doch die potentiell handlungsfähigen Chefs selbst zu den Tätern gehören? Hus empfiehlt, dort weiterzumachen, wo er mit seinen beiden Kollegen auf Wunsch des Erzbischofs angefangen hat: Er möchte von einem Kompetenzteam untersuchen lassen, ob und wie die leitenden Kirchenleute und ihre Pfarrer ihren geistlichen Aufgaben gerecht werden.

An einigen konkreten Beispielen erläutert der Prediger der Synode, wie verkommen die Kirche im alltäglichen Umgang mit Gott und den Menschen sei. So würden Pfarrer Armen ein Begräbnis verweigern, weil die nicht dafür bezahlen könnten. In Gottesdiensten würden zu viele weltliche, unheilige Lieder gesungen. Mönche in Klöstern betätigten sich als Schankwirte und schädigten damit die Gasthäuser der Laien. Priester und Mönche würden es wild auf Tanzfesten treiben. Kleriker überredeten Menschen in Todesangst, ihnen ihr Hab und Gut in Testamenten zu überschreiben.

Hus spart nichts aus, als er die Gesamtliste des Versagens, der Fehler und Sünden noch einmal zusammenfasst. Die Gelehrten, wettert er, versagten, wenn sie bei ihren wissenschaftlichen Forschungen nicht Gott über allem suchten. Und wer sei schuld an den Kirchenspaltungen durch mehrere Päpste? Die Geistlichkeit selbst! Bischöfe trügen zum schlimmen Zustand maßgeblich bei, indem sie viel zu viele ungeeignete, gierige und sittenlose Leute zu Priestern weihten. Die Masse an missratenen Strolchen und Nichtskönnern im Priesteramt würdige dieses völlig herab. Und das Altarsakrament werde, von solchen Leuten gespendet, befleckt und verliere seinen Wert.

Seine Zuhörer fühlen sich offenbar von diesem Rundumschlag nicht getroffen. Der Erzbischof und die leitenden Kleriker applaudieren gar, als Generalvikar Adam von Neietice den Prediger für seinen Vortrag lobt. Muss ja mal sein, dass einer so richtig austeilt. Und wann gibt es Essen?

Vielleicht hat auch Hus' Vortragsstil dem Inhalt ein wenig die Wucht genommen. Denn vielfach spricht er im Plural, sagt *wir Geistlichen*, bezieht sich also selbst mit ein. Außerdem scheint es gerade in Prag schon seit längerer Zeit zum Ritual der Synoden gehört zu haben, die Reformfreudigkeit und Progressivität des Klerus durch Auftritte von Reformpredigern zu dokumentieren. Ähnliches geschieht ja auch heutzutage auf Kongressen, bei Partei- oder Gewerkschaftstagen. Die Stimme der Kritik am alltäglichen Zustand von Staat, Kirche oder Partei wird in den Programmablauf eingebaut. Schließlich kann dann niemand behaupten, die negativen Punkte seien nicht angesprochen worden.

Einige Teilnehmer werden sich zudem an die Predigt des Stanislaus von Znaim während der vorausgegangenen Synode im Juni 1405 erinnert haben. Der ältere Hus-Freund, in diesem Jahr Rektor der Universität, soll noch viel deftiger getrommelt haben. Einige seiner Sätze belegen dies. Zum Beispiel zitierte er einen Spruch, der im böhmischen Volk die Runde machte: „Wenn du einen Kleriker beleidigst, töte ihn lieber gleich. Denn sonst wirst du keine Ruhe, keinen Frieden mehr bekommen." Kirche, so Stanislaus, sei ein geradezu dialektisches Gebilde: „Höchster Rang und niedrigste Gesinnung, höchste Ämter und schlimmste Lebensführung, eitelste Zunge und faulste Hände, viel Geschwätz und keine Früchte, würdevolles Äußeres und würdeloses Handeln, größte Autorität und charakterlose Haltung."

Die von Hus und Stanislaus geforderten Untersuchungen gebe es doch längst, werden die Verantwortlichen wahrscheinlich lapidar festgestellt haben. Schließlich würden von den erzbischöflichen Archidiakones regelmäßig Visitationen in den Gemeinden und Pfarrbezirken durchgeführt.

Aus der Zeit der Vorgänger Zbinkos existieren einige Protokolle dieser Besuche in den Pfarreien, die jedoch vermuten lassen, dass die Reisen des jeweiligen Archidiakons nicht regelmäßig und alle Bezirke erfassend verlaufen sind. Man reagierte höchstens einmal auf Hinweise und Gerüchte, da oder dort sei besonders heftig gegen Amtspflichten und Moral verstoßen worden. Die Zitate aus den zugehörigen Zeugenbefragungen lesen sich ganz ähnlich wie die Beispiele des Jan Hus in der Synodalpredigt. Pfarrer nahmen Geld für Taufen und Beerdigungen, würfelten in Wirtshäusern um höhere Geldbeträge, lebten mit Konkubinen und hatten Nachwuchs.

Größere Konsequenzen scheinen die Visitationen nicht nach sich gezogen zu haben. Die Protokolle waren nur für den Gebrauch innerhalb der Kirchenleitung bestimmt. Dass nur so wenige überliefert sind, dürfte ein Hinweis darauf sein, dass sie relativ rasch vernichtet wurden. Dass die alltägliche Lebensführung der Kirchenleute sich fundamental von der schriftlich niedergelegten tugendhaften „Norm" unterschied, erschien den meisten Leuten wohl selbstverständlich. Der kirchliche Alltag und Sonntag dürfte in Böhmen kaum anders verlaufen sein als im Rest der römisch-christlichen Welt. Cosi fan tutti – so machen es alle. Die Menschen, die Priester eingeschlossen, hielten sich in ihrem Privatleben kaum an die kirchliche Lehre. Zusammenleben ohne (kirchlichen) Trauschein, häufig wechselnde außereheliche Geschlechtspartner, Prostitution, Wucher, Trunksucht oder Glücksspiel werden in den Protokollen kaum als „empörend" oder „unglaublich" präsentiert, solange sie nicht in übertriebener Form und öffentliches Aufsehen erregend praktiziert wurden.

Diejenigen, denen die Differenz auffiel, die Forderungen zur Umkehr formulierten, die verdammten Ketzer von der Sorte Wyclif und Hus, waren eigentlich die Frömmsten der Frommen unter den römischen Christen. Und genau deshalb erregten sie Anstoß. Sie forderten die Übereinstimmung von Wort und Tat. Und noch provokanter: Sie wollten, dass der Klerus im Alltag eine Vorbildfunktion einnahm. Damit fingen sie, im Gegensatz zu vielen anderen Kritikern des „bösen Lebens" – auch in der Prager Diözesansynode –, bei sich selbst an.

Auch dass Hus in der Bethlehem-Kirche ähnliche Themen ansprach wie bei der Synode, störte Zbinko und seine Getreuen nicht. Es schadete nicht, wenn solche Leute in der Kirche sichtbar waren. Bußprediger beruhigten die kritischen Köpfe. Immerhin hielt sich Hus ja, was das Thema Herrschaftsgebaren des Erzbischofs anging, in diesen Jahren höflich zurück. Zum Beispiel verlor er kein Wort darüber, dass der Kirchenfürst sich als Feldherr betätigte und mit Soldaten Burgen eroberte. Schließlich wollte es Hus ja nicht übertreiben oder Zbinkos Wohlwollen verlieren. Was er im Übrigen in der Rückschau sehr bedauerte und selbstkritisch mindestens ebenso negativ bewertete wie seine Leidenschaft für das Schachspiel.

Im Volk wurden die Hus-Predigten auf höchst unterschiedliche Weise wahrgenommen. Die Leute hörten, was sie interessierte. So fanden zum Beispiel Patrizier wie kleine Adelige die Idee einer besitzlosen Kirche schon deshalb gut, weil sie der Meinung waren, Geld und Gut gehörten in ihre Hände. Und dass Königin Sophie tugendhafte Priester bewunderte – nun ja, das war ja hinreichend bekannt.

Streit um die Remanenz

Der Ärger für Hus braute sich also nicht im Erzbistum zusammen, sondern an der Universität. Auslöser war Freund Stanislaus von Znaim. Der Hochschul-Rektor hatte kurz vor Amtsantritt ein Traktat über die Remanenz in der Eucharistie geschrieben und sich dabei ganz an der Theologie John Wyclifs orientiert. Bei der vom Priester vollzogenen heiligen Wandlung, so lautete und lautet die katholische Lehre, werde aus Brot und Wein tatsächlich Leib und Blut Jesu Christi. Die ursprünglichen Stoffe bleiben lediglich als sogenannte Akzidenz vorhanden. Akzidenz meint etwas Zufälliges – etwas ist unwichtig, nicht von Bedeutung. Die Substanz, das Wesentliche, habe sich aber verwandelt.

Remanenz wiederum, wie Wyclif sie darlegte, besagt: Die Substanz bleibt erhalten – Brot bleibt Brot und Wein bleibt Wein. In ihr wird „figürlich wahrhaft" Leib und Blut Christi wahrnehmbar. Wyclif hatte dies bereits 1381 öffentlich an der Universität Oxford formuliert und damit die dogmatische Festlegung von 1215 verneint. Er schrieb dies, wie auch seine anderen kirchenkritischen Äußerungen, unter Bezugnahme auf die Bibel. In den Berichten der Evangelisten von Jesu letztem Abendmahl sei nirgendwo die Rede von einer leiblichen Verwandlung.

Stanislaus unterstützte in seinem Traktat die Position Wyclifs. Ausgerechnet einer der Vorgänger des Jan Hus als Prediger in der Bethlehem-Kapelle und eigentlich ein reformorientierter Priester, Johannes Stekna, sah in dem Text einen Skandal. Stekna, gar nicht mehr in Prag lehrend, sondern im polnischen Krakau, zeigte den Znaimer wegen Ketzerei beim Erzbischof an.

Manche Historiker vermuten eine von den polnischen und deutschen Bischöfen gesteuerte Aktion. Diese hätten Stekna zu seiner Anzeige ermuntert, weil sie befürchteten, dass sich die Wyclif-Theologie von Prag aus in die benachbarten Diözesen und Hochschulen verbreiten könnte. Nein, eine mitteleuropäische Brutstätte für aufrührerische Thesen musste vernichtet werden. Auch ihre Drähte nach Rom hätten einige der Bischöfe genutzt und es geschafft, den bedeutungslosen Übergangspapst (1404–1406) Innozenz VII. für ihre Pläne einzuspannen – einen der Wissenschaft eigentlich freundlich gesinnten, politisch aber völlig inkompetenten Mann. Er soll den Erzbischof brieflich vor dem wachsenden Einfluss der wyclifitischen Ketzerei gewarnt haben.

Eine Initiative von außerhalb mag nicht ausgeschlossen sein. Wahrscheinlicher ist, dass der Streit in Prag neben dem Konflikt der Nationen auch einer der Generationen und der philosophischen Schulen war. Eine Gruppe überwiegend böhmischer und jüngerer Hochschullehrer bekennt sich wie Wyclif zur Philosophie des Realismus, die älteren und überwiegend deutschen Magister zählen sich zu den Nominalisten.

Der Nominalismus folgte der Überzeugung, dass Vernunft nur in weltlichen Fragen anwendbar sei. Gott und seine Wahrheit stünden außerhalb der Vernunft und zeigten sich in Offenbarungen. Von Gott ausersehene Hüterin der Offenbarungen und damit des Glaubens sei alleine die Kirche. Deren Lehre sei die einzige Richtschnur in Glaubensfragen, der alle gehorsam zu folgen hätten.

Wer meine, den Maßstab seiner eigenen vernünftigkritischen Erkenntnis an die Lehre der Kirche anlegen zu dürfen oder die Bibel selbst interpretieren zu können, sei ein Ketzer, erzeuge und verbreite Irrlehren. Das kirchliche Lehramt könne durch nichts ungültig gemacht werden, auch nicht durch seinen zeitweiligen Zustand der Spaltung zwischen zwei Päpsten oder durch Sünden der Bischöfe und Geistlichen.

Die Realisten dagegen betrachteten allein die Bibel als Messlatte wahren Glaubens. Für sie war ein Ketzer, wer von der Wahrheit Gottes abwich, wie sie in den Büchern des Alten und des Neuen Testamentes geschrieben steht. An der Bibel zu messen sei also auch, was sich Kirche nenne. Und wenn Kirche sündige, dürfe und müsse das gesagt werden.

Schon 1403 hatte es an der Universität zwischen den Lagern fürchterlich gekracht. Der schlesische Hochschullehrer Hübner hatte ein Kompendium der Thesen Wyclifs zusammengestellt und den deutschen Rektor Walter Harasser überzeugt, alle Magister zu einer Versammlung zu bitten. Dieser Konvent sollte die Verurteilung der Irrlehren Wyclifs im Namen der Universität aussprechen. Die böhmischen Realisten waren schon darüber empört, wie Hübner die sogenannten Lehren des Briten formuliert hatte. Magister Nikolaus von Litomysl klagte den Kollegen der bewussten und vorsätzlichen Verfälschung des Werkes Wyclifs an. Jan Hus sprang ihm zur Seite. Er rief in den Saal: *Gedankenfälscher wie Magister Hübner verdienen weit eher den Tod als jene beiden Krämer*, die Safran gefälscht hätten und ein paar Tage zuvor hingerichtet worden seien. Dann trat Stanislaus von Znaim auf. Er verteidigte Wyclif so leidenschaftlich, dass die meisten Nominalisten den Hörsaal verließen. Hus-Freund Stefan Paletsch schleuderte ein Buch Wyclifs in die Reihen der Gegner, begleitet von dem Bekenntnis, für jedes Wort darin einzustehen.

Nun kamen die aus Protest hinausgegangenen Nominalisten wieder zurück und beschlossen mit ihrer Mehrheit, niemand dürfe an der Universität Wyclifs Thesen lehren, egal ob öffentlich oder in geschlossener Gruppe.

Zwei Jahre liegen zwischen diesem Streit und Steknas Vorstoß gegen den prominentesten Kopf in den Reihen der böhmischen Hochschullehrer. Zwei Jahre, in denen die Wyclifiten Stanislaus, Hus und auch Stefan Paletsch in den engsten Kreis der Vertrauten des neuen Erzbischofs aufgerückt sind. Deshalb war der Adressat der Anzeige clever ausgewählt. Die Strategie war perfekt, weil sie in jedem Fall erfolgreich sein würde.

Zweierlei konnte die Aktion bewirken: Sie konnte Stanislaus in Misskredit bringen und seinen erzbischöflichen Beschützer zudem in die schwierige Situation, sich entweder von ihm zu distanzieren oder ihm den Rücken zu decken. Im ersten Fall wäre das Ergebnis eine klare Schwächung der böhmischen Nation. Ohne den Schutz des Kirchenfürsten müssten die Böhmen möglicherweise ihre Pläne beerdigen, neben den deutschen Nationes stärker zur Geltung zu kommen und eine bedeutendere Rolle bei der Besetzung der hauptamtlichen Professoren-Stellen zu spielen.

Im zweiten Fall könnte man in Rom intervenieren, gegen den Erzbischof und die Universität aktiv zu werden. Dies würde den verstummten König Wenzel – auch ihn wähnte man als heimlichen Verbündeten der böhmischen Nation – zwingen, an der Seite des Papstes gegen die Prager Unruhestifter vorzugehen. Zumal sowieso viele davon überzeugt waren, dass Wenzel nur unter Druck seine Position endlich wieder aktiv wahrnehmen würde. Die eigentlichen Chefs waren ja längst seine Frau Sophie, ein Fan des Wyclifiten Jan Hus, und Wenzels Halbbruder Sigismund. Von dem König von Ungarn wusste niemand so genau, welches Spiel er überhaupt trieb.

Dass Stekna aus Polen kam und nicht mehr in Prag lehrte und predigte, war dem Unternehmen aus Sicht der Nominalisten und Nicht-Böhmen nur förderlich. So konnte man sagen, es gehe gar nicht um die nationale Frage, sondern um Theologie und Glauben. Wir waren es nicht, die gegen Stanislaus und die Böhmen Front gemacht haben! Es war einer von außen!

Und Hus? Der war von dem Vorgehen gegen seinen älteren Freund natürlich auch getroffen – so eng wie die beiden in Sachen Wilsnack zusammengearbeitet hatten. In der konkreten Frage der Remanenz allerdings lagen die beiden nicht auf einer Linie. Hus vertrat die geltende katholische Lehre der heiligen Wandlung. Diese Position tat der guten persönlichen Beziehung zu

Stanislaus jedoch ebenso wenig Abbruch wie der zu seinem Erzbischof.

In einem Brief berichtet Hus später, dass Freund Stanislaus nach der Anzeige vor Selbstvertrauen geradezu strotzte. Lauthals habe er erklärt, dieser Stekna werde ihn noch auf Knieen um Verzeihung bitten. Hus jedenfalls stand zu Stanislaus von Znaim und machte daraus auch nicht den geringsten Hehl. Der weitere Verlauf der Affäre stand jedoch im Gegensatz zu diesem von Hus beschriebenen Selbstbewusstsein und hat den bescheidenen, unbestechlichen und geradlinigen Magister gerade deshalb gehörig irritiert.

Erzbischof Zbinko erkannte die gefährliche Dimension der Krise und erwies sich als cleverer Politiker. Er setzte eine vierköpfige Kommission ein, die den Vorwurf der Ketzerei untersuchte. Die Kommissionäre plädierten dafür, das Traktat Stanislaus von Znaims für irrig zu erklären. Dem Autor und Zbinko-Freund öffnete sich aber eine Hintertür, durch die er auch ging. Er erklärte, den Text nur für eine hochschulinterne Disputation verfasst zu haben. Zudem sei er unvollständig. Der zweite Teil, in dem er die Argumente gegen die Remanenz darlegen wollte, sei noch gar nicht geschrieben. Es sei ihm ein absolutes Rätsel, wie dieses bruchstückhafte Papier an die Öffentlichkeit gekommen sei. Die Kommission fand diese Antwort zufriedenstellend. Und der Erzbischof forderte Stanislaus auf, den zweiten Teil zu schreiben und im kleinen Kreis zu präsentieren. Damit war Stanislaus aus der Schusslinie.

In Sachen Ketzerei ließ Zbinko jedoch wissen, dass der Spaß mit der wyclifschen Abendmahlslehre nun ein Ende haben müsse. Am Fronleichnamstag 1406, so ordnete der Erzbischof an, solle von den Kanzeln in allen Prager Kirchen die reine Lehre von der heiligen Wandlung in der Eucharistie ohne jede Abweichung gepredigt werden.

Für Jan Hus ist das keine Herausforderung. In der Abendmahlsfrage vertritt er die klassische katholische Position, die er in dem in dieser Zeit entstandenen Traktat *„De corpore Christi"* noch einmal belegt. Als man ihm in Konstanz später unterstellt, er sei einmal öffentlich als Befürworter der Remanenz aufgetreten, weist er dies zurück, ohne aber in den anderen Punkten von seiner Wyclif nahen Grundlinie abzuweichen. Ein differenzierender, nachdenklicher und persönlich urteilender Theologe ist Hus, kein Nachbeter und Nachäffer.

Trotz des Saltos rückwärts bekommt Stanislaus von Znaim an der Carolina keine Ruhe. Seine Gegner lassen den sächsischen Magister Ludolf Meistermann bestätigen, die Schriften des Kollegen seien auch nach dessen Erklärung als ketzerisch zu bezeichnen. Das wiederum veranlasst Paletsch zu heftigem Protest.

Zbinkos Fronleichnams-Botschaft, in der er die Prediger auffordert, den Priesterstand nicht öffentlich herabzusetzen, ist wohl nicht für den Mann auf der Bethlehem-Kanzel bestimmt. Dessen Ansatz scheint dem Erzbischof sachlich und klar zu sein. Hus kritisiert nicht den Stand, sondern jene, die ihn bekleiden, weshalb er wohl zur Herbstsynode 1407 erneut als Prediger eingeladen wird.

Die Gegner des Mannes aus „Bethlehem" sind entsetzt. Lange kann das nicht mehr so bleiben! Magister Hus, so stellen sie fest, ist – Remanenz hin oder her – der weitaus gefährlichste der böhmischen Wyclifiten – gerade weil er persönlich so untadelig auftritt, so vorbildlich seine Priesterschaft wahrnimmt und gleichzeitig unverdrossen weiter Theologie studiert. Noch prallt ihr Widerstand aber an den Türen des erzbischöflichen Ordinariats ab.

Letzter Synoden-Auftritt

Als Text wählt Hus für seine Predigt einen Satz aus dem Epheserbrief des Paulus (16,14–15): „So stehet nun gegürtet um eure Lenden mit Wahrheit." Jan Hus führt aus, von der Priesterschaft, die im Paradies an der Seite Christi sitzen werde, erwarte Gott im irdischen Leben am meisten. Die *Krieger Christi* hätten Jesus in seinem Sein und Tun nachzuahmen. Deshalb müssten ihnen die Welt, das Fleisch (also die Sexualität), der Teufel, Sünden und jeder schlechte Mensch von Herzen zuwider sein. Laut und deutlich prangert er die Todsünden der schlechten Priester an.

Das Übel beginne damit, dass viele diesen Beruf nur wegen des materiellen Gewinns oder aus Ruhmsucht ergriffen. Sie lebten in Saus und Braus, seien unfähig zu lehren, missachteten ihre Mitmenschen, zeigten sich als Angeber und Prahler und unterdrückten ihre Untergebenen. Zur Buße, zur Einsicht in die eigene Sündigkeit seien sie in keiner Weise bereit.

Schließlich kommt Hus auf eines seiner Lieblingsthemen zu sprechen: die Sex-Gier der Kleriker. *Ketzer*, ja, das sagt er, seien sie, die Sodomiten (Sex mit Tieren), Blutschänder (Sex mit nahen Verwandten), Ehebrecher, Vergewaltiger, Hurer mit *gottgeweihten Jungfrauen* (Nonnen). Nicht unter die *Ketzer* zählt er dagegen jene Pfarrer, die trotz des Zölibats in eheähnlicher Weise mit Frauen zusammenlebten. Das tat vermutlich die überwiegende Mehrheit der Priester. Immerhin fordert Hus, die im Konkubinat lebenden Kollegen ihres Amtes zu entbinden und ihnen ihre Pfründen, also ihr Einkommen, zu streichen. Damit wagt er sich schon ziemlich weit aus der Deckung.

Dann kommt Jan Hus auf die Bedingungen zu sprechen, die Geistliche zu erfüllen hätten, damit man sie als anständige Leute, als *Gerechte*, anerkennen könne. Sie sollten ihren Vorgesetzten vor allem den schuldigen Gehorsam leisten – dafür gab es sicher ein „Bravo", mindestens heftiges Nicken seitens des Erzbischofs. Die Priester sollten zudem untereinander Eintracht wahren, Untergebene schützen und gut behandeln, sie nötigenfalls aber auch strafen und züchtigen.

Zur Freude Zbinkos beklagt Hus außerdem, dass die Klöster sich nicht mehr den Weisungen der Bischöfe fügten und nach eigenem Gutdünken agierten. Er kritisiert den Streit der Geistlichen um Pöstchen und Geldquellen bei der Kurie. Und noch einmal spricht er jenen ins Gewissen, die ihren Gemeindegliedern Erbschaften abpressten oder sogenannte Begräbnissteuern erhoben. Er tadelt Prediger, die für Lob oder Geschenke auftreten. Überhaupt: Wer Menschen mit Lügenpredigten, Possen, falschen Prophezeiungen oder Mirakeln, durch erfundene Ablässe, falsche Reliquien und bunte Heiligenbildchen zu Spenden und Opfergaben veranlasse oder für sakramentale Handlungen Geld fordere, verfalle der Simonie. Geld für priesterliche Handlungen zu verlangen, sei Ketzerei, eine große Sünde.

Über die Reaktionen seiner Zuhörer auf diesem Totalverriss ihrer Lebens- und Arbeitsweise ist nichts bekannt. Hus hat jedoch im Herbst 1407 mit dieser Sündenlitanei seine letzte Synodenpredigt gehalten. Seine Gegner formieren sich. Noch aber lässt Zbinko ihn nicht fallen. Er weiß, was er an ihm hat. Denn mindestens ebenso deutlich wie er in der Synode gegen die Laster des Klerus spricht, benennt er in der Bethlehem-Kirche die Sünden der weltlichen Herren: *Wie viele Fürsten, Herren, Ritter und fette Bürger gibt es doch, die ehebrechen und Unzucht treiben und sind den Maultieren gleich, unfruchtbar in geistlichen Dingen.* Solche Sätze spricht er nicht spontan und unüberlegt aus. Er hat sie vorher in seiner kleinen, bescheidenen Studierstube für Vorträge und Predigten sorgfältig notiert, je nach Publikum auf Tschechisch, Deutsch oder Latein. In seiner Kammer über der Kapelle formuliert er für die Kanzel: *Die weltlichen Herren schützen Mangel vor und schinden ihre Untertanen durch immer neue Abgaben! Mit der größten Ungerechtigkeit erpressen sie auf wahrhaft teuflische Art Steuer auf Steuer.* Das war schon heftig. Noch weniger aber dürfte jener Satz den Herrschenden gefallen haben, der sich nach einer Predigt des Magisters wie ein Lauffeuer in der Stadt verbreitete: *Nur in guten Befehlen sollt ihr der Obrigkeit gehorchen, bei schlechten aber kühn euch widersetzen!*

Damit öffnet er eine Tür, die sich nie wieder wird schließen lassen. Er postuliert das Recht des Einzelnen auf die kritische Beurteilung aller Äußerungen jedweder Autorität. Selbst sein Vordenker ist niemals so weit gegangen. Wyclif hatte mehr oder weniger ein Abkommen mit der britischen Monarchie geschlossen: Ihr dürft meine Kritik an der weltlichen Herrschaft der Päpste nutzen, um zum Beispiel deren fiskalische Ansprüche abzuwehren, dafür schützt ihr mich vor der Gewalt des Klerus. Deshalb stelle ich eure Macht nicht in Frage.

Magister Hus dagegen agiert auch diesmal nicht politisch. Er ist kein Vorkämpfer in weltlichem Format. Deshalb hat er sich an manchen aggressiven politischen Aktionen seiner Freunde nur zurückhaltend und aus der zweiten Reihe heraus beteiligt. Er fühlt und handelt nicht als Oppositionsführer oder gar Revolutionär. Es geht ihm um Gedankenfreiheit, um das Recht, zu kritisieren, eigene Analysen von Staat und Gesellschaft zu präsentieren.

In einer modernen Gesellschaft hätte sich Jan Hus als Journalist, als Leitartikler, als politischer Kommentator verstanden; nicht aber als Politiker. Und so verstand er auch sein Kanzelamt: Öffentlichkeit herstellen, Probleme benennen und jene, die dafür verantwortlich waren – mit allem Nachdruck – zu Reformen auffordern.

Nicht minder wichtig ist dem rhetorischen Kämpfer von „Bethlehem" die zweite Aufgabe, die er als Prediger versieht. Als Christ, im Sinne des Jesus von Nazareth, galt es, die Schwachen zu stärken, die Ängstlichen zu ermutigen, die Traurigen zu trösten, die Zaudernden zu ermuntern und die Sünder zu ermahnen. Das konnte nur gelingen, wenn der Prediger tatsächlich glaub-würdig blieb, also ein Leben im Sinne des Evangeliums führte. Mut predigen und selbst ein feiger, angepasster Kerl sein, das ging nicht. Genauso wenig konnte man Redlichkeit, Bescheidenheit und Demut fordern, dann aber herumhuren, lügen und protzen. Viele Prediger redeten ähnlich wie Hus. Ihr Einfluss auf das einfache Volk relativierte sich jedoch sofort, wenn man einander grinsend zuraunen konnte: „Und wisst ihr, wie der strenge Herr Pfarrer in Wahrheit lebt?"

Letztlich war es die Kombination aus intellektueller und persönlicher Redlichkeit, aus denkerischer wie rhetorischer Kompetenz, die Jan aus Husinec für die dominierenden Kreise um Schloss und Dom zu einem immer größeren Gefahrenfaktor werden ließ.

Viertes Kapitel

Dem Klerus reicht es!

Die Synodalpredigt wirkt nach. Ein halbes Jahr später, als Jan Hus in seiner Bethlehem-Kapelle die Kritik an der lasterhaften Priesterschaft öffentlich wiederholt, fühlt sich der Prager Klerus zum Handeln gezwungen. Vor allem, dass er die sündigen Pfarrer nun auch öffentlich als *Ketzer* bezeichnet, bringt das Fass zum Überlaufen. Schlimm genug, so etwas vor einer Synode zu behaupten, aber nun auch noch vor zweitausend Laien! Das geht überhaupt nicht! Was die Kleriker ihm nicht verzeihen können: Der Magister hat während eines Fürbitten-Gebetes für einen verstorbenen Domherren in der Kapelle ausgerufen: *Um die ganze Welt möchte ich nicht mit so vielen Pfründen beladen sterben!* Das nehmen ihm selbst Priester übel, die ihm bisher wohlwollend begegneten, ja ihn gegenüber anderen in Schutz nahmen. „Wie sollen wir denn unser Amt ausüben", fragen sie, „wenn wir uns nicht mehr finanzieren können?" Das Portemonnaie war die empfindlichste Stelle im Priestermantel.

Das Domkapitel und die Stadtpfarrer beschließen, sowohl beim Erzbischof als auch beim König gegen Hus vorstellig zu werden und seine Absetzung zu fordern. Die Abordnung der Stadtpfarrer, die den König aufsucht, bittet, Wenzel möge die Diener Gottes doch endlich vor den Rücksichtslosigkeiten des Bethlehem-Predigers schützen. Sie erntet seiner Majestät Hohngelächter. „Solange unser Hus den Fürsten und Herren Strafpredigten hielt, habt ihr es gerne gehört. Nun, da ihr an die Reihe kommt, lasst es euch auch gefallen!"

Unter der Führung der Dom-Kapitulare begibt sich die Gruppe der Hus-Gegner nun zu Erzbischof Zbinko. Er möge doch endlich einmal gegen diesen Schmähredner vorgehen. Hus ruiniere nicht nur das Ansehen einzelner Priester, er zerstöre das öffentliche Bild der gesamten Kirche in Prag.

Zbinko zögert noch immer. Einerseits fühlt er sich dem Magister verbunden, andererseits nimmt er die wachsende Popularität des Mannes wahr. Wenn dessen Ansehen und damit seine Bedeutung zu groß würden, könnte dies auch ihm, dem Erzbischof, schaden. Er war die Nummer eins in Böhmen! Und das musste auch nach außen sichtbar sein.

Die Geistlichen legen nach. Jetzt zitieren sie Hus' Schmähung des verstorbenen Amtsbruders, eines gewissen Peter Vserub. Wenn Hus vom Leben nach dem Tode rede, stecke da immer Häresie drin. Dass Hus sogar in seinem Beisein einmal gesagt habe, er wünsche sich, dass seine eigene Seele einst dorthin komme, wo die Seele Wyclifs bereits sei, könne Zbinko doch nicht überhört haben. Der Erzbischof beginnt zu wanken. Dem nächsten Argument kann und will er nicht mehr widersprechen. Die Männer behaupten, Hus habe, genau einen Tag nachdem ein von Zbinko unterschriebenes Synodalstatut untersagte, öffentlich gegen den Klerus zu predigen, in der Bethlehem-Kapelle dagegen verstoßen. Das konnte so nicht weitergehen.

Hus seinerseits ist empört über die Anklage. Vollkommen überzeugt von seiner Pflicht, Sünden des Klerus in der Öffentlichkeit anzuprangern, schreibt er eine Verteidigung, die er an Zbinko adressiert. Gegen die *anmaßenden und lügnerischen* Behauptungen seiner Feinde wolle er guten Gewissens dem Erzbischof volle Rechenschaft über seinen Glauben geben. In allem, was er schreibe und sage, stehe er vollständig auf dem Boden der Rechtgläubigkeit, wie sie von Christus und der universalen Kirche gelehrt werde.

Dabei geht Hus zum Beispiel auf den Verkauf von sakramentalen Leistungen ein, indem er Bibelzitate gegen Simonie präsentiert, die Sentenzen des angesehen Theologen Lombardus und Synodenbeschlüsse zitiert. Für Taufen, Trauungen oder Einsegnungen Geld zu nehmen, das sei Simonie und damit zugleich Ketzerei, dabei bleibe er. Allerdings habe er nie alle Priester als Ketzer bezeichnet. *Ich kenne viele Pfarrer*, formuliert er, *deren Füße ich wegen ihres heiligen Lebenswandels küssen möchte*. Was die Bezahlung der Pfarrer angehe, so bleibe der Verkauf von geistlichen Dingen Sünde. Hus weist nachdrücklich darauf hin, dass Spenden und freiwillige Leistungen der Gläubigen nicht verboten seien. Ja, er selbst habe seine Zuhörer in der Kapelle immer wieder aufgefordert, ihren Priestern den notwendigen Lebensunterhalt zu finanzieren.

Die Bemerkung während der Fürbitten für den verstorbenen Peter Vserub, schreibt Hus, habe er nicht gemacht, um selbst gelobt zu werden, sondern um den anwesenden Klerus von Habgier abzuhalten. Dass Vserub ein guter Christ gewesen sei, wolle und könne er nicht bestreiten. Was seine Äußerung über die Seele Wyclifs angehe, so wolle er gerne bestätigen, dass er das genauso gesagt und gemeint habe. Daran dürften selbst jene nichts auszusetzen haben, die meinten, Wyclif habe Häresien verkündet. Aufgrund des göttlichen Gesetzes – „Richtet nicht, auf dass ihr nicht gerichtet werdet" – könne niemand von Menschen endgültig verdammt werden. Was für Wucherer und Heiden gelte, dass gelte auch für Wyclif.

Besonders originell argumentiert Hus, als er auf den Vorwurf der Gegner eingeht, er habe „exzessiv" gepredigt. *Exzessiv,* so dreht er den Begriff, heiße *falsch, schmeichlerisch oder ängstlich* predigen. Das könne man ihm nun wirklich nicht vorwerfen. Er habe schlicht und einfach die Wahrheit der Heiligen Schrift ausgesprochen und davon werde er auch künftig nicht lassen. Hus schließt seinen Brief mit dem Hinweis, er wünsche für seine Ankläger keine Bestrafung. Dies möge dem höchsten Richter, also Gott, überlassen bleiben. Er selbst unterwerfe sich dem Erzbischof, der ihn informieren, korrigieren und schützen solle.

Zwar war Hus Wyclif-Anhänger, aber auch einer der wichtigen böhmischen Magister an der Universität, vermutlich noch immer in guter Beziehung zum Königshaus, und ein populärer Prediger – wie konnte Zbinko ein Ausrufezeichen setzen, ohne es sich mit ihm gleich völlig zu verderben? Nun gut, er enthob ihn seines Amtes als Synodalprediger.

Den Hus-Gegnern im Klerus reichte das nicht. Zbinkos Berater hatten eine andere Idee: Wie wäre es, wenn man ein paar der Hus-Freunde unter den jüngeren Magistern aus der böhmischen Nation an der Universität verhaftete? Ein Schlag, den Zbinko in seiner zweiten wichtigen Rolle setzen könne, sei er doch als Erzbischof zugleich Kanzler der Carolina. Eine Aktion, mit der Hus zudem wohl kaum rechnen werde.

Es geschah. Zbinko ließ einige Hochschullehrer einkerkern und ihnen den Prozess machen. Sie wurden beschuldigt, Irrlehren verbreitet zu haben. Darüber hinaus befahl er als Kanzler den Mitgliedern der böhmischen Nation, nun endlich das Verdammungsdekret der Wyclif-Artikel zu unterzeichnen, was die anderen Nationen bereits 1403 getan hatten.

Stiere und Zuchthengste

Hus, der ja bisher nicht zu den Prominenten in der ersten Reihe der böhmischen Hochschul-Nation zählte, rückt auch dort mehr und mehr in den Mittelpunkt. Vor allem, weil er seine Stimme für die Verhafteten erhebt. Für einen von ihnen, den Magister und Priester Nikolaus von Velenovice, genannt „Abraham", schreibt er erneut einen Brief an Zbinko. Sein Text lässt jede intellektuelle Zurückhaltung vermissen. Der Magister schreibt, wie der Prediger von der Kanzel donnert: *Wie ist es möglich, dass unzüchtige und in verschiedener Hinsicht verbrecherische Priester ohne Rüge und Strafe wie ungezähmte Stiere und Zuchthengste umhergehen, mit gerecktem Nacken, während demütige Priester, die das Unkraut der Sünde herausreißen, die die Pflichten Eures Dienstes mit Liebe erfüllen, die nicht der Habgier verfallen, sondern sich gerne für Gott im Werke der Verkündigung aufopfern, als Ketzer eingekerkert werden und gerade wegen der Verkündigung des Evangeliums Verbannung erdulden müssen?*

Und dann greift er den Erzbischof erstmals direkt an: *Eurer Eminenz kommt es zu, die gesamte Ernte des Königreiches Böhmen zu mähen, sie in die Scheune des Herrn einzubringen und für jede Garbe am Tage des Todes Rechenschaft abzulegen. Aber wie wird Euer Eminenz eine so große Garbenmenge in die Scheune des Herrn bringen können, wenn Ihr den Schnittern die Sichel des Wortes wegnehmt – zur Freude der Faulpelze, die selbst nicht mähen und noch andere daran hindern, sobald ihre eigenen Laster vom Wort des Herrn berührt werden? [...] Treibt die Faulenzer an die Arbeit, behindert aber nicht die getreuen Arbeiter in der Ernte für den Herrn [...]! Der allmächtige Herr lenke den Sinn Eurer Eminenz in dem Sinne des oben Geschriebenen, damit ihr dem Hirten der Hirten zur gegebenen Zeit die schuldige Rechenschaft leisten könnt!*

Ob Hus' Worte Zbinko tatsächlich trafen, ist nicht überliefert. Insgesamt hat sich in den vergangenen Monaten die Position des Erzbischofs deutlich verschlechtert. Er steht selbst unter erheblichem Druck. Das liegt daran, dass sich das Kräfteverhältnis zwischen König Wenzel und seinem Gegenkönig Ruprecht von Bayern zugunsten des böhmischen Herrschers verändert. Dem Wittelsbacher gleitet die Macht als römisch-deutscher Monarch aus den Händen. Das lässt Wenzel plötzlich wieder aktiv werden. Er verhandelt mit Frankreich, wie und zu welchen politischen Konditionen er die Krone des Reiches wieder aufsetzen könne. Die Franzosen sähen es gerne, wenn Wenzel sein Image als Beschützer der Ketzer abstreifte und Böhmen nicht mehr als Ketzerparadies Europas betrachtet werden könne. Wie kann man das schaffen?

Zbinko, übernehmen Sie! Der König macht Druck. Diese Wyclifiten müssen zur Räson gebracht, ihr seltsames Geketzere muss vom Erzbischof beendet werden. Aber hoppla! Und der Kirchenfürst macht tatsächlich ernst mit seiner Forderung an die böhmische Nation. Auf einer Versammlung sollen sie endlich die geforderte Unterschrift unter Zbinkos Verdammungsdekret leisten.

Die Stimmung ist gedrückt, als sich am 20. Mai 1408 tausend Studenten, hundertfünfzig Bakkalare und vierundsechzig Magister und Doktoren im Haus „Zur schwarzen Rose" versammeln. Unter ihnen sind natürlich auch Hus, Stanislaus von Znaim und Stefan Paletsch. Die Versammelten wissen, es geht nicht mehr um theologische Debatten, sondern um Politik. Der Druck von oben ist zu spüren.

Im Prinzip sind Lehrer und Studenten bereit, ein Zeichen im Sinne des Königs und des Erzbischofs zu setzen. Aber der freie wissenschaftliche Umgang mit Texten und Traktaten steht auch auf dem Spiel. In der

Diskussion gibt es Stimmen, die der Forderung Zbinkos heftig widersprechen. Die Mehrheit will sich der Wyclif-Thesen wegen aber nicht in Gefahr bringen. Da meldet sich Magister Jan Hus mit einem Kompromiss-Vorschlag. Seine Formulierung: Keiner an der Hochschule wird künftig einen der 45 Artikel Wyclifs *im ketzerischen, irrigen oder anstößigen Sinne* lehren oder behaupten wollen.

Der Beschluss nimmt zu der Frage, ob Wyclifs Thesen tatsächlich häretisch seien, in keiner Weise Stellung, er zielt lediglich auf ihre Auslegung. Von einer Verdammung Wyclifs als Theologe ist nicht die Rede. Über die strittigsten Aussagen Wyclifs, zum Beispiel in der Abendmahlsfrage, dürfen die Bakkalaren jedoch nicht mehr öffentlich lehren oder debattieren.

Der Erzbischof ist zur Überraschung einiger Hochschul-Leute mit dieser Erklärung zufrieden. Sie genügt, um im Sinne des Königs öffentlich erklären zu können, Böhmen sei völlig frei von Ketzerei. In Zbinkos Umgebung aber will man mehr: einen Schlag gegen den Publikumsmagneten Hus und die Bethlehem-Kapelle. Wenigstens ein paar kleine Zeichen will man doch setzen!

Das Erzbistum verbietet, wahrscheinlich an Zbinko vorbei, in den Messen und Gottesdiensten die neuen tschechischen Kirchenlieder zu singen, die sich rasch wachsender Beliebtheit erfreuen. Und es schickt Agenten in die Kapelle, die zu überprüfen haben, ob das Verbot eingehalten wird. Natürlich sind die Spione des Kirchenfürsten auch angehalten, fein säuberlich zu notieren, was Jan Hus wieder alles predigt. Hus weiß das, aber es beeindruckt ihn nicht. Er gibt auf einem anderen Feld ein Zeichen von Friedensbereitschaft. Die Domkapitulare haben mit Zbinkos Unterschrift alle Prager aufgefordert, in ihrem persönlichen Besitz befindliche Schriften Wyclifs zur Überprüfung einzureichen. Hus kommt dieser Bitte nach und liefert einige Handschriften ab.

Die Wyclif-Gegner an der Hochschule sind frustriert von der „wachsweichen" Gangart des Erzbischofs. Das seien doch reine Alibi-Aktionen, um dem König zu gefallen. Zbinko wolle in dessen Sinne nur ein sauberes Böhmen präsentieren, aber nicht von Ketzerei säubern.

Einer der Gegner beschließt, die ganze Angelegenheit endlich auf eine andere, eine die Grenzen des Wenzel-Reiches überschreitende Ebene zu tragen. Magister Ludolf Meistermann zählt zur sächsischen Nation. Er unterhält enge Beziehungen zu der wachsenden, neuen deutschen Universität in Heidelberg. Dort besorgt er sich Unterstützung und wendet sich dann direkt nach Rom, wo er die Prager Realisten der Ketzerei anklagt. Sein Hauptkritikpunkt: die Abendmahlslehre, die Remanenz.

Die Kurie ruft Stanislaus von Znaim und Stefan Paletsch nach Italien. Sie sollen ihre Position erklären und sich rechtfertigen. In Bologna werden die beiden Böhmen verhaftet und misshandelt. Als die Kollegen in Prag davon erfahren, informieren sie sofort Wenzel. Der König und die Hochschule protestieren. Znaim und Paletsch kommen wieder frei, aber der Schock hat sie völlig verändert. Sie haben Angst. Das wird auch ihr bisher engster Freund und Vertrauter Jan Hus rasch bemerken.

Stürmische Zeiten

Der zu neuer politischer Aktivität erwachte König lässt sich von seinen französischen Gesprächspartnern motivieren, an der Beendigung des Schismas mitzuwirken.

Auch seine eigenen Berater halten das für taktisch und strategisch richtig. Seit nunmehr über 30 Jahren schädigt die Spaltung der Kirche deren Kraft und Ansehen. Der Weg zu einer Erneuerung kann nur bedeuten: ein Papst für alle Katholiken. Davon sind die Regierenden in der katholischen Welt zum großen Teil überzeugt. Das heißt aber auch: Dieser eine kann keiner der beiden jetzigen Päpste sein. Die verfeindeten Kirchenhäupter in Rom und Avignon müssen gleichzeitig abdanken oder abgesetzt werden. Sodann muss ein Konzil, verbunden mit einem Konklave möglichst aller wahlberechtigten Kardinäle aus beiden Lagern, einen neuen Einheitspapst wählen und krönen. In beiden Lagern finden sich tatsächlich Kardinäle, die in Kooperation mit den Mächten für das Jahr 1409 ein Konzil in Pisa einberufen. Jan Hus und seine Gesinnungsgenossen finden diesen Weg richtig. Auch König Wenzel hat kein Problem damit, sich aus dem Gehorsam gegenüber dem römischen Papst Gregor XII. zu verabschieden. Der scheint seine Interessen und Ziele sowieso nicht zu fördern.

Wenzel befindet sich in einem neuerlichen Intrigen-Karussell mit seinen Lieblingsverwandten Jobst von Mähren und Halbbruder Sigismund. Die wachsende Schwäche des Gegenkönigs Ruprecht von Bayern öffnet die Tür für die Luxemburger. Gerade ist er dabei, in Sachen der verlustig gegangenen römisch-deutschen Reichskrone an Sigismund vorbei eine Absprache mit Jobst zu schmieden. Inhalt: Jobst wird König und Wenzel erhält von einem neuen Papst die Kaiserkrone.

Schisma in der Kirche, Zoff im Reich. Wie oft hatten Jobst und Wenzel einander nicht schon mit ewigen Treueschwüren, gegenseitigen Bedrohungen und erneuten heiligen Eiden beglückt, bedroht, erfreut? Und Sigismund, der Jüngste des Luxemburgischen Trios und ein politisches Naturtalent, beherrschte das Klüngel-Spiel schon von klein auf. Immerhin ist allen dreien bewusst, dass ein Machtvakuum im Heiligen Römischen Reich deutscher Nation für keinen von ihnen gut wäre.

Um die Konzilspläne voranzubringen, muss der König nun dafür sorgen, dass sich Kirche und Universität in Prag ebenfalls vom Gehorsam gegenüber Papst Gregor XII. lossagen – doch Zbinko spielt nicht mit. Daher drängen Wenzels Hofbeamte die Carolina, sich im Sinne des Herrschers zu entscheiden. Auf der großen Universitätskonferenz im Dezember 1408 sind nur die Böhmen bereit, der Empfehlung der Reform-Kardinäle zu folgen. Die drei „ausländischen" Nationes halten Zbinko und dem römischen Papst die Treue. Sie lehnen eine Position der Neutralität zwischen den Papststühlen ab. Der Rektor der Universität, der deutsche Magister Henning von Baltenhagen, kann gerade noch das in den Augen des Königs Schlimmste verhindern: einen offiziellen Beschluss der Nationes.

Die deutschen Nationes sind schon deswegen dagegen, weil Hus und die verhassten Wycliften dafür sind. Der Riss durch die Universität scheint nicht mehr gekittet werden zu können. Aus einer zunächst theologischen, dann ethischen und am Ende kirchlichen Debatte ist offene Feindschaft geworden. Jan Hus, der bedächtige Gelehrte, der mehrfach auch im Kontakt mit Henning von Baltenhagen versucht, Kompromisslinien zu finden, gerät nun ins Zentrum dieses offenen Kampfes um die Macht in Klerus und Hochschule. Zbinko, der ehemalige Hus-Beschützer, lässt jede Zurückhaltung fahren und versucht mit allen Mitteln, den Magister und Prediger auszuschalten.

Stunden nach der ergebnislosen Debatte an der Universität hängt an allen Kirchentüren in Prag ein

Anschlag in tschechischer und lateinischer Sprache. Es heißt darin, der Erzbischof verbiete Johannes Hus, „dem ungehorsamen Sohn der Kirche", sowohl das Predigen als auch jegliche priesterliche Handlung – also das Abhalten von Messen und das Spenden der Sakramente. In Prag verbreitet sich wie ein Lauffeuer: Mit dieser skandalösen öffentlichen Demütigung hat Zbinko endgültig das Tischtuch zerschnitten. Hus erkennt sofort: In Sachen Reform der Kirche ist mit Zbinko und seinen Leuten nicht mehr zu rechnen.

Doch Jan Hus fügt sich den Verboten des Erzbischofs nicht. Er schickt Zbinko einen Protestbrief. Darin spricht er ihm jegliche Berechtigung ab, ihn zu maßregeln. Er denke nicht daran, den Anordnungen eines Kirchenfürsten zu folgen, der zu einem nicht mehr anerkannten Papst halte. Der Popularität des Bethlehem-Predigers tut der Streit keinen Abbruch – im Gegenteil. Die Prager beginnen ihren Hus regelrecht zu verehren. Sie beten und singen für ihn.

Der König bekommt von der Zuspitzung der Auseinandersetzung in Prag zunächst nichts mit. Er reist gerade durch Schlesien und die Lausitz. Erst um die Jahreswende kehrt er nach Böhmen zurück. In der Silberstadt Kuttenberg macht er Station und schlägt ein Hoflager auf. Dort besuchen ihn erneut französische Kardinäle und mahnen dringend die versprochene Neutralitätserklärung an. Mitten in die Gespräche mit den Franzosen platzt die Nachricht, Abordnungen der Universitätsnationes seien soeben eingetroffen.

Wenzel spricht zunächst mit Henning von Baltenhagen und den drei deutschen Nationes. Er bleibt huldreich und freundlich, versucht die Delegation für seine Position zu gewinnen. Er verspricht sogar, ihre Interessen an der Universität zu schützen und zu fördern, wenn sie ihm in Sachen Papst-Gehorsam entgegenkommen. Die ganze Liebenswürdigkeit des Herrschers ändert jedoch nichts. Die Abordnung bleibt bei ihrer Position: Eine Distanzierung von Papst Gregor XII. wirke, als gebe man gegenüber den aufrührerischen Wyclifiten klein bei. Letztlich öffne man damit der Ketzerei im böhmischen Königreich endgültig alle Pforten. Auch der König könne doch nicht wollen, dass sein Land vollständig der Häresie und dem Unglauben anheimfiele. Nun ist Wenzel beunruhigt.

Er lässt die böhmische Gruppe herbeirufen, angeführt von Hus und einem neuen Kopf, Hieronymus von Prag. Dieser Magister, ein paar Jahre jünger als Jan und ebenfalls überdurchschnittlich gebildet, ist ein hervorragender Redner und ein charmanter Bursche. Innerhalb weniger Monate hat er sich als zweite bedeutende Stimme der böhmischen Nation profiliert.

Als die beiden Gelehrten vor den König treten, überschüttet sie Wenzel mit wütenden Tiraden: „Hus und Hieronymus, ihr beiden, ihr bringt mich und mein Land in Verruf mit eurer ständigen und unverbesserlichen Ketzerei. Wenn ihr nicht endlich damit aufhört, werde ich dafür sorgen, dass ihr verbrannt werdet! Ihr seid es, die mich daran hindern, wieder die Krone des Reiches zu tragen. Fort mit Euch!"

Jan Hus und Hieronymus sind stumm vor Entsetzen. Damit haben sie nun wirklich nicht gerechnet. Sie waren es doch, die die ganze böhmische Nation auf die Seite des Königs gebracht hatten! Sie waren es, die dem Erzbischof die Stirn geboten hatten. Hus ist besonders verbittert, angesichts der neuen Feindschaft mit Zbinko, die er Wenzels wegen auf sich gezogen hat.

Ist es der Ärger oder reiner Zufall? Hus erleidet noch in Kuttenberg eine schlimme Kolik – ein Leber- und Gallenleiden, mit dem er schon des längeren zu tun hat. Mit der Hilfe der Kollegen schafft es der Schwerkranke immerhin, nach Prag zurückzukehren. Er fühlt sich dem Tode nahe, kann vor Schmerzen sein Bett nicht verlassen.

Das Kuttenberger Dekret

Während Hus leidend darniederliegt, ändern sich wieder einmal ganz plötzlich Meinung und Laune Wenzels. Seine Berater, unter ihnen einige gute Bekannte von Hus, aber auch die französischen Gäste haben ihm offenbar den Weg gezeigt, wie er rasch zu einem positiven Votum der Universität in Sachen Papst-Neutralität kommen kann: Er muss nur das Hochschulstatut ändern. Die Franzosen fragen, warum haben die Nicht-Böhmen mehr Stimmen als die Einheimischen? In Paris sei es ganz selbstverständlich, dass die Fremden zusammen nur eine Stimme hätten, die französische Nation aber drei. Auch im ehrwürdigen Bologna, wo es Studenten aus aller Herren Länder gebe, seien die Statuten wie in Paris.

Wenn das überall so ist, meint Wenzel, dann passen wir die Prager Statuten dem internationalen Brauch an. So, freut sich der König, wird mit einem Federstreich das Thema Neutralitätserklärung beendet und den böhmischen Untertanen an der Uni der größte Wunsch erfüllt. Drei Wochen nach dem zornigen Ausfall gegen Hus und Hieronymus, am 18. Januar 1409, unterschreibt Wenzel in Kuttenberg das Dekret, durch das die Böhmen in der Hochschule alle Entscheidungsrechte bekommen: „Ehrenwerte, Ergebene und Geliebte! Obwohl Wir im allgemeinen verpflichtet sind, aller Menschen Vorteile im Auge zu haben, müssen Wir sie doch nicht in der Weise begünstigen, dass dadurch vielleicht diejenigen Schaden und Verlust erleiden, die uns durch die Umstände des Ortes, der Zeit und anderer Dinge schicksalhaft verbunden sind." Er könne nicht länger akzeptieren, lässt der Herrscher wissen, dass „die deutsche Nation, gänzlich ohne Einwohnerrechte im Königreich Böhmen, sich in den einzelnen Angelegenheiten der Prager Universität drei Stimmen angeeignet hat", während die böhmische Nation, „dieses Königreiches rechtmäßige Erbin, sich nur einer einzigen" erfreue. Er halte es „für ungerecht und durchaus nicht geziemend", dass Ausländer und Fremde vom Gut der Hiesigen profitierten „und dass die Einheimischen sich [...] zurückgesetzt fühlen".

Dann befiehlt Wenzel unter ausdrücklichem Hinweis auf die Ordnung in Paris, in der Lombardei und in Italien, „fest und bestimmt, dass ihr der böhmischen Nation in den einzelnen Beratungen, Prozessen, Prüfungen, Wahlen und allen anderen Akten und Verfügungen der vorgenannten Universität drei Stimmen geben müsst". Das Dekret schließt, um keine Missverständnisse aufkommen zu lassen, mit dem klaren Gebot: „Ihr habt sie" – die Böhmen – „dieses Privileg der Stimmen von jetzt ab für alle Zeiten friedlich genießen zu lassen. Ihr werdet nicht anders handeln, wenn ihr Unserer schwersten Ungnade entgehen wollt!"

Vier Tage später holt Wenzel noch einmal den Hammer heraus. Diesmal geht es direkt gegen Zbinko. Der König verfügt: Allen Einwohnern des Königreiches Böhmen, seien sie Geistliche oder weltliche Bürger, wird bei Strafe verboten, Papst Gregor XII. Gehorsam zu leisten. Unter den Deutschen im Klerus und an der Hochschule herrscht blankes Entsetzen.

Das Kuttenberger Dekret sowie das Verbot des Papst-Gehorsams, wird in diesen Kreisen kolportiert, seien beide das Werk des Johannes Hus. Dass der Magister schwer krank in Prag lag, während der König seine

Anweisungen niederschreiben und publizieren ließ, wollen die Hus-Gegner nicht gelten lassen.

Noch einmal versuchen die Deutschen, ihre alten Rechte wiederherzustellen. Sie schwören einander, eher Prag zu verlassen als das Kuttenberger Dekret zu akzeptieren. Wer diesen Eid breche, dem drohe Ausstoßung, Ehrverlust und eine hohe Geldstrafe. Sie schreiben an den König, der lehnt ihre Bitten ab. Und wieder versucht Jan Hus, ganz gegen sein Image, zwischen den Lagern zu vermitteln. Erfolglos. Monatelang wird die Carolina von Tumulten erschüttert. Am 9. Mai reicht es dem König. Er setzt Henning von Baltenhagen als Rektor ab, lässt ihm Siegel, Akten und Schlüssel abnehmen und ernennt einen tschechischen Rektor.

Exodus der Deutschen

Nur wenige Tage danach beginnt der Exodus der drei Nationes. Etwa tausend Studenten, sechzig Magister und Bakkalaren verlassen zu Fuß oder auf ihren Pferden die goldene Stadt. Viele von ihnen zieht es nach Leipzig, wo der Markgraf von Meißen, Wilhelm der Reiche, eine neue Universität gründen lässt. Andere wollen nach Erfurt, nach Heidelberg, nach Köln, Wien oder Würzburg, wo in den letzten dreißig Jahren nach Prager Vorbild ebenfalls Hochschulen gegründet worden sind.

Für Prag ist der Abzug der Studenten und Magister ein ökonomischer Verlust. Es waren nur zum geringsten Teil armer Leute Söhne, die ihrer Studien wegen in die Stadt an der Moldau gewechselt waren. Die Abgezogenen indes versäumen nicht, dort, wo sie nun ihre Studien fortsetzen, Klagelieder über die böhmischen Ketzer anzustimmen. Im Zentrum ihrer Geschichten:

Jan Hus. Der böseste der Böhmen, der Deutschenhasser – so nennen sie ihn.

Hus, dem in späteren Zeiten, vor allem im aufkeimenden Nationalismus des 19. Jahrhunderts, eine anti-deutsche Position unterstellt worden ist, hinterließ einige schriftliche Zeugnisse, die dies als baren Unsinn erscheinen lassen. Es ging ihm an der Hochschule wie in seinen Predigten in erster Linie um theologische Positionen im Sinne Wyclifs. Hus redete mit den Deutschsprachigen deutsch, wie er den Tschechen in der Bethlehem-Kapelle in ihrer Sprache predigte und an der Hochschule lateinisch kommunizierte.

Dass er nach der Entscheidung Wenzels von der Bethlehem-Kanzel aus ausdrücklich für die Einsetzung eines böhmischen Rektors dankte, bestätigt ein weiteres Mal, dass es bei der Hochschul-Kontroverse nicht um eine moderne „nationale" Frage ging. Der neue Rektor war ein deutscher Patrizier-Nachkomme namens Nikolaus, Sohn des reichen Kaufmanns August. Auch der übernächste Rektor kam aus einer deutschen Prager Familie, ein Magister namens Schindel.

Einigen Prager Geistlichen, die Hus dennoch vorwerfen, er verursache und verschärfe durch sein Auftreten die Antipathie zwischen den Volksgruppen – und genau dies sei auch seine Absicht –, hält er entgegen: *Christus weiß, dass ich einen guten Deutschen mehr liebe als einen schlechten Tschechen und wenn er mein leiblicher Bruder wäre.* In seiner Auslegung der Zehn Gebote formuliert er ganz ähnlich: *Wenn ich einen tugendhaften Fremden von irgendwoher kenne, der mehr als mein tschechischer Bruder Gott liebt und das Gute schätzt, dann ist er mir lieber als mein Bruder. Und darum sind mir die guten englischen Priester lieber als die schlechten tschechischen, und ein guter Deutscher lieber als ein böser Bruder.*

Fünftes Kapitel

Die Krise spitzt sich zu

1409/1410

Während in Prag Aggression und Angst auf allen Seiten wachsen, hat in Pisa das Konzil begonnen. Am 25. März 1409, am Tage Mariae Verkündigung, haben vier Patriarchen, 22 Kardinäle und 80 Bischöfe feierlich im Dom Einzug gehalten, begleitet von einigen hundert Äbten, Ordensgeistlichen und Theologen sowie Botschaftern diverser Könige und Fürsten.

Die Namen der beiden Päpste, Gregor XII. und Benedikt XIII., werden symbolhaft ins Kirchenschiff gerufen. Jeder weiß, dass sie nicht da sind. Schließlich haben die beiden jeweils eigene Versammlungen einberufen – Gregor in Aquilea an der Adria, Benedikt im südfranzösischen Perpignan. Der deklamierende Ruf ohne Antwort ermöglicht es, beide wegen schuldhaften Fernbleibens zu verurteilen.

Alle Versuche befreundeter und beauftragter Kleriker wie Aristokraten, die Sache ihres jeweiligen Papstes zu verteidigen, scheitern. Am 5. Juni verliest der Patriarch von Alexandria, Simon de Cramaud, vor rund 500 Konzilsteilnehmern die Urkunde, in der beide Päpste für abgesetzt erklärt werden. Man habe sie als „überführte Schismatiker" zu sehen, als notorische Häretiker, die mehrfach Meineide geleistet und Versprechen gebrochen hätten. Alles, was sie jemals verkündet und erklärt hätten, sei null und nichtig. Der Heilige Stuhl sei vakant und alle Treueeide gälten als aufgelöst, die den Päpsten geleistet worden seien. Nach einem mächtigen Applaus stimmen die Konziliaristen gemeinsam und lautstark das „Tedeum" an.

Der Strippenzieher und heimliche Chef des Konzils ist Kardinal Baldassare Cossa. Cossa ist nicht geweiht, also kein Priester, sondern ein Mann des Militärs. Er stammt aus Neapel, hat in Bologna studiert und erfolgreich als Manager der Macht und der finanziellen Interessen mehrerer römischer Päpste gearbeitet. Seine vatikanische Karriere endete, als Gregor XII. das Papstamt übernahm. 1408 gerieten sie dermaßen in Streit, dass Cossa die Seiten wechselte und zu den Kardinälen zählte, die für das Konzil warben.

Cossa und seine Vertrauten schaffen es, dass das Konklave elf Tage nach Beginn verkünden lassen kann: Habemus Papam! Gewählt ist ein aus Griechenland stammender Franziskaner-Mönch, Kardinal Pietro Philargi, der den Namen Alexander V. annimmt. Der fast Siebzigjährige findet zwar die Anerkennung der Könige von Frankreich und England, die beiden für abgesetzt erklärten Päpste akzeptieren die Neuwahl aber nicht. In Pisa, wo Alexander V. seinen Papstthron aufstellen lässt, ist nunmehr, wie ein Zeitgenosse textet, „aus einem zweiköpfigen ein dreiköpfiges Ungeheuer geworden".

Für Erzbischof Zbinko in Prag wird die Lage durch die Neuwahl nicht einfacher. Er muss gegen die böhmischen Krawall-Theologen um Jan Hus vorgehen. Und das wird immer schwieriger, seit er es sich mit Wenzel verscherzt hat, die Wyclif-Gegner ausgereist sind und er damit die ganze Universität als Widersacherin hat. Wenn er die Bethlehem-Truppe nicht neutralisieren kann, ist dies der Anfang vom Ende. Er braucht dafür Hilfe von oben, vom König und von einem Papst, dessen Position von jenem anerkannt wird.

Zwei Monate zögert Zbinko. Anfang September 1409 läuft er mit der gesamten Geistlichkeit seiner Erzdiözese zu Alexander V. über. Er entsendet zwei Vertraute an den Hof des neuen Papstes mit der Botschaft: Hus ist der Hauptschuldige für die schlimmen Zustände in Böhmen und dessen Kirche. Der Magister und Prediger wiegle von der Kanzel aus das Volk auf, stifte Ungehorsam im Klerus und legitimiere die Herrschaftsgelüste des Hochadels in der Kirche. Wenn man ihm und seinen Kumpanen nicht schleunigst das Handwerk lege, brächen Krieg und Gewalt bald über die Hauptstadt und ihr Umland aus.

Für seine Politik findet Zbinko Unterstützung bei den wohlhabenden Prager Bürgern, bei Kaufleuten, Pfründenbesitzern und den Prälaten. Sie stiften einen satten Geldbetrag, den die Abgesandten nach Pisa mitnehmen. Materielle Hilfe kann die gerade erst im Aufbau begriffene neue Papst-Administration immer brauchen. Und vermutlich ist es Kardinal Cossa, der den böhmischen Zaster entgegennimmt.

Zbinko bekommt, was er möchte. Noch vor Weihnachten 1409 unterzeichnet Alexander V. eine Bulle, die den Prager Kirchenfürsten ermächtigt, „alle Ketzereien und Irrtümer in seiner Diözese auszurotten, die Verbreitung wyclifscher Lehrsätze unter der Strafe des Bannes zu verbieten, sich Wyclifs Schriften ausliefern zu lassen und das Predigen an keinem anderen Ort als den Kollegiats-, Pfarr- und Klosterkirchen zu gestatten".

Schluss mit Bethlehem! Nun scheint, mit päpstlicher Rückendeckung, in Sichtweite zu rücken, was Zbinko schon 1408 mit seinem Predigtverbot „gegen den ungehorsamen Sohn der Kirche" erfolglos durchzusetzen versuchte. Zbinko wartet vier Monate, bis er den Inhalt der päpstlichen Bulle veröffentlicht, denn zu seinem nicht geringen Ärger hat die Universität Hus für den Winter 1409/1410 zum Rektor gewählt, nur wenige Tage nach der Abreise seiner Leute nach Pisa.

Im März 1410 endet die Amtszeit des Rektors. Zeitgleich präsentiert Zbinko das Predigtverbot. Aber Hus bleibt Hus. Sofort formuliert er einen Brief an den *schlecht unterrichteten Papst, der besser zu unterrichten sei.* Und von der Bethlehem-Kanzel herunter wirft er dem Erzbischof vor, den päpstlichen Befehl gekauft zu haben. Korruption! Und das Predigtverbot hält er für illegitim. In der Kapelle zu predigen sei ebenso erlaubt wie in jeder anderen Kirche. Schließlich handle es sich um ein geweihtes Gotteshaus. Auch seine Magister-Kollegen von der Universität sind empört. Sie weisen die Bulle als Angriff auf ihre Lehrfreiheit zurück.

Hus ahnt, was auf ihn zukommt. Die Auseinandersetzungen haben eine neue Dimension erreicht. Spione schickte der Erzbischof ja schon seit längerem in seine Gottesdienste. Fast immer hatte er sie erkannt und ihnen zugerufen: *Schreibt alles auf und tragt es auf die andere Seite* der Moldau – zum Bischofspalais. Nie hat ihn die Anwesenheit der Agenten Zbinkos gehindert, das auszusprechen, was er für geboten hielt.

Jetzt, da es für ihn persönlich gefährlich zu werden beginnt, bekommen die Kolporteure noch einmal präsentiert, welch ernsthafter Mann der Magister aus Husinec ist. Ihn beschäftigt die Frage, wem er welchen Gehorsam schuldig sei. Er sieht sich weder als Aufrührer um jeden Preis, noch als jemanden, den Furcht und Angst beherrschen dürfen. Es geht ihm um die Wahrheit, die er in Christus und seinem Evangelium erkannt hat. Und er fragt – auch vor der Gemeinde –, wo und wann der Gehorsam gegenüber weltlichen und geistlichen Herren ende. Seine Antwort: Der Gehorsam endet dort, wo er zum Ungehorsam gegen Gott wird. Wo und wie kann man diese Grenze erkennen? Indem man die Bibel zu Rate zieht, in der das Gebotene, das Gesetz Gottes, zu erkennen ist.

Dieser Maßstab sei auch auf die Äußerungen höchster Kirchenfürsten und des Papstes anzuwenden, erklärt Hus. Gerade die aktuelle Situation des Schismas zeige, dass man nicht davon ausgehen könne, mit der Weihe zum Amt würden die Befehle von Trägern bischöflicher Mitren und der Papstkrone zu Anordnungen im Geiste des göttlichen Gesetzes. Auch heiligste Ämter und Zeichen schützen ihre Träger nicht davor, Feinde der göttlichen Wahrheit werden zu können.

Natürlich, sagt Hus, müsse man auch das eigene Wort immer und immer wieder prüfen, dürfe sich niemals sicher fühlen, dass man im Geiste Gottes unterwegs sei. Habe man dies aber erkannt, so dürfe man nicht schweigen, auch wenn das eigene Leben dabei in Gefahr gerate. Und genau dies ist es, was seine Gegner in Kirche und Staat in dieser Krisenzeit nicht mehr hinnehmen können. Hus weiß das. Aber – und darin unterscheidet er sich nicht von der Luther nachgesagten Position – er kann nicht anders.

Hus fragt seine Gemeinde: *Papst Alexander hat dem Erzbischof befohlen, die Irrlehren in Böhmen auszurotten: Er behauptet, die Herzen vieler seien mit Ketzereien vergiftet, glaubt ihr das?* Aus dem Kirchenraum schallt es ihm tausendfach entgegen: „Sie lügen! Sie lügen!" Und Hus setzt hinzu: *Hört, ich habe Protest eingelegt gegen das Mandat des Erzbischofs und werde weiter widerstehen. Haltet ihr alle zu mir?* Die Gemeinde: „Das tun wir, das tun wir!" Hus schließt: *Bedenkt, dass es dabei auch um den Bann geht. Fürchtet ihr euch vor dem Bann?* Laut und klar die Antwort: „Nein! Wir fürchten uns nicht!"

Die Bücher brennen

Am 3. Mai 1410, nach nur zehn Monaten im Amt, stirbt der neue Dritt-Papst Alexander V. Zwei Wochen später gibt es einen gewählten Nachfolger. Es ist der Feldherr Baldassare Cossa, was niemanden wirklich überrascht. Am 24. Mai weiht man ihn eilig zum Priester, einen Tag später zum Bischof und am Nachmittag setzt man ihm die Papstkrone auf. Schön vor allem für Zbinko. Denn der Ex-Offizier in Prag und der Condottiere a.D. in Pisa haben eine ähnliche Weltsicht. Das geistliche Amt als Mittel zur weltlichen Politik darf, richtig verstanden, auf keine Tabus Rücksicht nehmen. Mit Bannbullen und anderen kirchlichen Strafmaßnahmen arbeitet man wie früher mit dem Schwert.

Also muss jetzt der schon mehrmals ausgesprochene Befehl, die Wyclif-Schriften zwecks „Überprüfung" bei einer erzbischöflichen Kommission abzugeben, rigoros durchgesetzt werden. Bis auf fünf Kollegen kommen alle Magister der päpstlich legitimierten „Einzugsermächtigung" nach – auch Jan Hus. Und wen wird es wundern – Hus liefert seine Wyclif-Bücher mit der Bemerkung ab, er wäre sehr daran interessiert, dass man ihm etwaige Irrtümer in den Werken genau erkläre. Sollten sie sich tatsächlich als Häresien erweisen, so werde er sich öffentlich von ihnen distanzieren. Natürlich enthält diese Botschaft die übliche Hus-Fußnote: Er werde sich vorbehalten, die Widerlegung anhand der Heiligen Schrift kritisch zu prüfen.

Die Kommission kommt innerhalb weniger Tage zum vorher festgelegten Ergebnis. Sie verwirft offiziell eine ganze Reihe der Texte des britischen Theologen als ketzerisch. Zur Sommersynode wird die Verbrennung der eingesammelten Bücher angeordnet. Am 21. Juni 1410 protestiert die Hochschule unter dem deutschen Hus-

Nachfolger Rektor Andreas Schindel gegen das Urteil. Hus legt nach. Er streitet in einer öffentlichen Erklärung Erzbischof und Synode das Recht ab, so zu entscheiden. Begründung: Mit dem Tode Alexanders V. sei die Zbinko per Bulle erteilte Vollmacht erloschen. Der Nachfolger habe sie nicht erneuert. Zusammen mit sieben weiteren Magistern legt Hus bei Johannes XXIII. Berufung gegen den Spruch der Kommission ein.

Natürlich wird das Vorgehen des Erzbischofs auch diesmal Predigt-Thema in der Bethlehem-Kapelle. Und Hus schlägt nun einen Ton an, den man bisher von ihm nicht kannte. Satte Polemik mischt er unter seine Argumente. Vom verstorbenen Papst sagt er: *Ich weiß nicht, ob er im Himmel ist oder in der Hölle.* Jedenfalls versuche er von dort aus auf seinen *Eselshäuten*, auf dem Pergament der Bulle, die Wahrheit zu bekämpfen. Dagegen werde er, Hus, angehen. Und wieder ertönt aus der Kapelle laut und leidenschaftlich die Zustimmung der Gemeinde.

Zbinko schürt die Eskalation weiter. Im Hof des Bischofspalastes lässt er am 16. Juli, abgeschirmt von seinen Kriegsknechten, einen riesigen Holzstoß auftürmen. Darauf legen seine Leute unter Leitung des Kanonikus Zdenek Dlouhy etwa 200 der wertvollen Bände mit Wyclif-Schriften. Ein Domkapitular entzündet feierlich mit einer Fackel den Holzstoß. Beim Auflodern der Flammen stimmen die Geistlichen des bischöflichen Hofes ein „Tedeum" an. Zbinko lässt alle Glocken in Prag dazu läuten.

Zwei Tage später lässt der Erzbischof den erneuten und nun wohl endgültigen Bann gegen Hus wegen Ungehorsams verkünden. Alle, die ihre Wyclif-Schriften nicht abgegeben haben, werden vorsorglich exkommuniziert, ebenso jene, die zusammen mit Hus die Appellation an Papst Johannes XXIII. unterzeichnet haben.

Die Stimmung in Prag kocht über. Es kommt zum offenen Aufruhr dort, wo Pfarrer versuchen, Bann und Exkommunikation für Hus und seine Freunde zu verkünden. Am Magdalena-Tag, dem 22. Juli, will Zbinko mit 40 Priestern die Messe zelebrieren und muss während des Gottesdienstes vom Altar fliehen, weil ihm ein Volksauflauf Gewalt androht. In St. Stephan wollen sechs Männer am selben Tag einen mit dem Erzbischof befreundeten Pfarrer umbringen, während er die Bannbulle verliest. Zbinko flüchtet. Er galoppiert mit seiner Leibgarde auf die befestigte Bischofsburg Raudnitz an der Elbe, einen Tagesritt von Prag entfernt.

Die Hauptstadt wird von Krawallen erschüttert. Studenten ziehen demonstrierend und Spottlieder singend durch die Straße: „Zbinko, der Has, hat Bücher verbrannt, konnt' nicht mal lesen, was drinnen stand." (Der „Has" spielt an auf den Stammsitz „Hasenburg".) Die Truppen des Erzbischofs fangen die Protestler, schleppen sie in die Keller des Bischofspalastes und verprügeln sie. Die Kluft zwischen Erzbischof und Volk wird immer größer. Die Mehrheit der Prager steht sicht- und hörbar hinter Hus und dessen Freunden.

Bevor aus Handgreiflichkeiten und Übergriffen ein regelrechter Bürgerkrieg wird, schaffen es die Berater des Königs und höchstwahrscheinlich die Königin, Wenzel zum Eingreifen zu ermutigen. Obwohl er innerlich, wie Gemahlin Sophie, wahrscheinlich auf Seiten der Hus-Freunde steht, versucht er ausgleichend zu wirken. Wenzel verbietet das Singen von Schmähliedern auf Straßen und Gassen. Wer nicht gehorcht, muss sogar mit der Todesstrafe rechnen.

Dem Erzbischof befiehlt der König, den Besitzern der verbrannten Bücher eine Entschädigung zu zahlen. Als Zbinko sich weigert, droht Wenzel, ihm und dem Domkapitel alle Einkünfte zu sperren. Auch an den Papst lässt der Monarch eine Botschaft schicken. Er bittet seine Heiligkeit darum, den „erschlichenen Bann" gegen Hus und seine Freunde aufzuheben, damit „das Wort Gottes frei gepredigt, die Ehre unseres Reiches gewahrt und die treulosen Gegner, die das Reich verketzern, nach Verdienst bestraft werden".

Mit Wenzels Botschaft an den Papst haben Zbinko und seine Vertrauten im Domkapitel gerechnet. Auch sie haben – mit ordentlich Geld und Gold ausgestattet – eine Delegation über die Alpen geschickt. Der zuständige Kardinal Odo Colonna ist über die Mitbringsel der bischöflichen Reisegruppe sehr erfreut und zögert nicht, die Maßnahmen Zbinkos ausdrücklich zu bestätigen. Der „Volksverführer Joannis Hus aus Husinec" wird erneut zum Verhör vor den Richterstuhl der päpstlichen Kurie befohlen. Und im Umfeld des Heiligen Stuhls Nummer drei beginnt man Texte und Zitate von Hus zu sammeln.

Als die Antwort bei Zbinko eintrifft, wiederholt er sofort den Bann-Fluch gegen Hus und seine Anhänger und lässt ihn am 24. September feierlich verkünden. Doch Hus gibt nicht auf. Er liest Messen, predigt und hält an der Universität eine große, öffentliche Disputation zur Verteidigung der kirchenreformerischen Thesen im Sinne Wyclifs ab, die mit einer öffentlichen Feier, einer Art Volksfest, endet.

In seinem Traktat über die Dreifaltigkeit aus dem gleichen Jahr schreibt Hus: *Die Wahrheit, die mir Gott in Gnaden zu erkennen gegeben, vor allem die unserer Heiligen Schrift, will ich bis zum Tode verteidigen, weil ich weiß, dass sie in alle Ewigkeit bleibt und Kraft behält. Und wenn mich je die Todesfurcht erschrecken sollte, so hoffe ich zu meinem Gott und dem Heiligen Geist, der Herr möge mir dann genügend Stärke verleihen und mich für würdig befinden, dass ich die Märtyrerkrone trage.*

Die ungebrochene Haltung des Idols lässt seine Anhänger leidenschaftlich für seine Befreiung von den Kirchenstrafen kämpfen. Auch außerhalb Prags häufen sich die Unruhen. König Wenzel macht einen weiteren Versuch, zu deeskalieren, sein Volk zu beruhigen und dem Bethlehem-Prediger zu einer gerechten Behandlung seitens der Kurie zu verhelfen. Er sendet zwei Magister mit einem persönlichen Brief zum Papst. Darin heißt es: „Wir wollen, dass die Kapelle Bethlehem, welche wir zur Ehre Gottes mit Freiheiten versehen haben, in ihrer Geltung bleibe. Und dass der Magister Jan Hus, bei dieser Kapelle bestätigt, friedlich das Wort Gottes predige."

Darüber hinaus wünscht Wenzel vom Papst, dass ein eventuelles Verfahren nicht im Ausland, sondern in Böhmen stattfinden solle. Hus, schreibt der König, werde in einem Prozess „in unserem Lande, vor der Universität Prag oder einem anderen Richter" ganz sicher aussagen. Ihn auf eine gefährliche Reise durch Europa zu schicken, „wäre für unser Reich nicht zuträglich". Diesen „im Predigen so fruchtbar wirkenden Mann seinen Feinden preiszugeben", würde „ein ganzes Volk in Unruhe versetzen".

Hus selbst sendet eine sechsköpfige Delegation, geleitet von seinem Freund, dem juristischen Magister Jan von Jesenic, ebenfalls nach Bologna, wo Johannes XXIII. inzwischen residiert. Er hat die Gruppe ermächtigt, in seinem Namen auf alle Anklagepunkte zu antworten. Jesenic tut, was er kann. Er wird verhaftet und wieder freigelassen. Die Hus-Akte wird immer dicker, aber Untersuchungsrichter Colonna bleibt hart. Erneut tut der Geldsegen Zbinkos seine Wirkung: Wer zahlt, gewinnt bei Papst und Kurie. Hus bleibt in Bann.

Nach der Rückkehr der frustrierten Hus-Freunde aus Bologna lässt der Erzbischof am 15. März 1411 den

Bann gegen Hus und Gleichgesinnte erneut in allen Kirchen Prags verkünden. Dieses Mal ist es nicht nur ein bischöfliches, sondern auch ein päpstliches Verdikt, weil sich der Angeklagte hartnäckig weigere, der Vorladung zum Kurien-Gericht Folge zu leisten. In zwei Prager Kirchen wird auch jetzt der Bannspruch nicht verlesen: in St. Benedikt und in St. Michael. In letzterer Gemeinde wirkt Hus' langjähriger Freund und Förderer Christian von Prachatitz als Pfarrer.

Erneut schert sich das Prager Volk einen Dreck um die Kirchenstrafe gegen seinen Helden und dessen Freunde. Königin Sophie motiviert ihren Mann zu einem weiteren Versuch, die Sache mit Hus ins Lot zu bringen. Wenzel, wahrscheinlich auch frustriert durch das Scheitern seiner Kontaktsuche in Bologna, droht Zbinko, er werde den Kirchenbesitz beschlagnahmen lassen, wenn er nicht zum Frieden mit Hus bereit sei. Keine Reaktion aus dem Bischofspalast. Wenzel gibt seinen Leuten grünes Licht, die Drohung wahr zu machen. Zusammen mit den Magistralen der Stadt Prag legt er los, sperrt Zbinkos Einkünfte und nimmt dessen Güter unter Kontrolle. Diesmal reagiert der Erzbischof und schlägt zurück. Über ganz Prag verhängt er am 2. Mai ein Interdikt. Das bedeutet die totale Stilllegung jeder kirchlichen Praxis in der Stadt. Die Glocken läuten nicht mehr, Messen und Gottesdienste sind verboten, ebenso Taufen, Trauungen und kirchliche Bestattungen. Doch der größtmögliche Angriff auf die alltägliche Kultur in der Metropole geht wie die vorherigen Aktionen ins Leere.

Die Einwohner ignorieren das Interdikt. Und auch der niedere Klerus hält weiterhin Messen, traut, tauft und bestattet. Hus predigt in Bethlehem – wie immer. Die wenigen Pfarrer, die auf der Seite ihres Chefs bleiben, bezahlen den Kirchenstreik von oben fast mit ihrem Leben – sie müssen vor ihren aufgebrachten Gemeinden fliehen.

Der König setzt noch ein drastisches Zeichen gegen den Erzbischof: Er lässt den Prager Domschatz auf die Burg Karlstein außerhalb der Stadtmauern schaffen. Die Menschen sind überrascht, vor allem aber hocherfreut über die Strategie des ihnen lange so fremd gebliebenen Monarchen. Zbinko gegenüber kommunizieren die Berater Wenzels, der König suche einen Weg, den Streit zu beenden. Was schon deshalb naheliege, weil das Getümmel längst über die Landesgrenzen hinaus bekannt sei und damit den außenpolitischen Interessen schade.

Eines möchte der Herrscher um jeden Preis verhindern: eine erneute Einmischung der päpstlichen Kurie. So lautet sein Vorschlag an beide Seiten: Hus und die Universität, Zbinko und das Domkapitel sollen den Streitfall in die Hände eines Schiedsrichters legen. Eingesetzt werde dieser vom König. Aus römischer Sicht ist das die Frechheit eines Provinzfürsten, der dem Papsttum das Recht abstreitet, zu entscheiden, wo es handeln möchte und wo nicht.

Hus und Freunde sind mit den Ideen aus dem Hradschin einverstanden. Einige von ihnen hoffen sogar, dass damit das Königshaus die Reform der Kirche in Böhmen zu seiner Sache macht. Immerhin scheint sich auch Zbinko zu denken, dass er seine Linie kaum wird durchhalten können. Er signalisiert sein Okay. Anfang Juli akzeptieren beide Seiten das königliche Schiedsgericht unter Vorsitz des Kurfürsten Rudolf von Sachsen-Wittenberg. Ein paar Tage später legt das Schiedskomitee bereits den Entwurf für einen Vergleich vor, der für Hus und seine Leute ganz gut aussieht.

Der Erzbischof soll Bann und Interdikt aufheben. Dazu haben die Richter ein theologisches Gutachten bei

Stefan von Paletsch bestellt. Darin heißt es, Zbinko habe das Recht dazu. Wenzels außenpolitischer Wunsch: Der Erzbischof soll dem Papst schriftlich erklären, es gebe in Böhmen und Mähren keine Ketzerei – auch nicht in der Hauptstadt. Zusatz: Falls überraschend doch so etwas sichtbar werde, sei es Aufgabe und Wunsch des Königs, die Häretiker selbst auszurotten. Wenn Zbinko dem zustimme, heißt es, erhalte er alle Kirchengüter und Einkünfte zurück.

Magister Hus hat ein öffentliches Bekenntnis zum Glauben abzulegen und wird im Ausgleich von der Vorladung durch die Kurie entbunden. Für Jan Hus gibt es nichts Leichteres als dieses Bekenntnis, denn er ist ja überzeugt, vom Glauben der Kirche Jesu Christi nicht einen Millimeter abgewichen zu sein. Am 1. September 1411 erklärt er öffentlich in der Universität, ihm vorgeworfene Irrlehren seien allesamt böswillige Unterstellungen. Lieber wolle er sterben als in Ketzerei zu verharren. Noch am selben Tag sendet er sein Bekenntnis per Boten an Papst Johannes XXIII.

Nach dem Kirchenverständnis des Jan Hus ist dies kein Spiel mit doppeltem Boden. Es beweist nur, dass sein Bild von der Lehre und dem Glauben mit der offiziellen kirchlichen Sicht nicht zusammenpasst. Roma locuta – causa finita (Rom hat entschieden, die Sache ist erledigt) ist das Gegenteil der Gewissenentscheidung des Einzelnen nach eingehender Lektüre der Bibel.

Der Erzbischof ist verzweifelt, erkennt, dass er in Prag den Boden unter den Füßen verloren hat. In seiner Not sucht er den Kontakt zu Wenzels Halbbruder Sigismund, dem ungarischen und neuerdings auch deutschen König. Kurzentschlossen macht er sich auf den Weg zu ihm. Er stirbt auf dieser Reise am 28. September im damals zu Ungarn gehörenden slowakischen Preßburg.

Der Ablass

Ausgerechnet zu Sigismund! So mag Wenzel gedacht haben, als ihm die Nachricht von Zbinkos Flucht und Tod überbracht wurde. Vor ein paar Wochen hatte Sigismund den Coup gelandet: Die Kurfürsten hatten ihn am 21. Juli 1411 zum deutschen König gewählt, mit Wenzels Stimme. Nachdem sein alter Gegner und späterer Partner Jobst von Mähren gestorben war, hatte Wenzel dem Bruder sein bevorzugtes Modell „Du König, ich Kaiser" vorgestellt, was dieser sofort charmant und realisierbar fand. Nach der erfolgten Wahl und seinem Amtsantritt scheint es der clevere Sigi, der witzige und vielsprachige Freund der Frauen, aber nicht mehr besonders eilig gehabt zu haben, Teil zwei der Absprache umzusetzen.

Und dessen Nähe sucht nun Zbinko? Verdächtig, sehr verdächtig! Wollte er ihm vielleicht erzählen, dass ein Kerl, der mit Ketzern Frieden mache und dem Papst innerkirchlich das Recht der Entscheidung abspreche, niemals von einem Papst gekrönt werden könne? Sehr seltsam!

Das erste Interesse Wenzels ist es deshalb, einen Vertrauten auf den Prager Erzbischofsthron zu hieven. Er entscheidet sich für einen Mann, den er, der Alkoholiker und Magenkranke, fast täglich erlebt: seinen Leibarzt, Albik von Unicov, einen mährischen Deutschen. Der verwitwete Mediziner ist schon im fortgeschrittenen Alter, müde und theologisch ebenso desinteressiert wie ungebildet. Immerhin gilt er als umgänglich und friedfertig. Ähnlich wie der Papst in Pisa wird auch er im Schnelldurchlauf durch die nötigen Weihen gebracht.

In Prag hat sich das Leben wieder etwas normalisiert. Das Interdikt ist nach Zbinkos Tod erloschen, den Bann über Hus nimmt niemand ernst und der Wyclif-Streit an der Hochschule ruht. Der alte Albik, davon sind alle überzeugt, werde zumindest eines nicht tun: neuen Streit entfachen. In der alten Kontroverse zwischen Hus und Zbinko hat er sich jedenfalls nicht als Parteigänger des einen oder anderen profiliert.

Jetzt fehlt dem neuen Kirchenfürsten nur noch das Pallium, der vom Papst verliehene Halsschmuck, Symbol seines Amtes. Wenzel Tiem, seines Zeichens Domprobst von Passau, reist im Auftrag des Papstes an die Moldau und übergibt Albik das gute Stück. Aber Tiem, im Nebenamt auch päpstlicher Notar, bringt noch etwas anderes mit. Papst Johannes XXIII. hat ihm, verbunden mit herzlichen Grüßen, zwei päpstliche Bullen mitgegeben.

Der Papst will in Italien Krieg gegen seinen mächtigsten Feind führen: Ladislaus, König von Neapel. Der hält noch immer zu Papst Gregor XII. und schützt ihn. Johannes, daraus macht der Neapolitaner nicht den geringsten Hehl, hält er für eine absurde Fehlbesetzung: ein ehemaliger Condottiere, der außer Reiten, Fechten und Lügen nichts gelernt hat!

Mit eben diesen Fähigkeiten will Johannes jetzt dem Feind den Garaus machen. Er möchte Söldner anwerben und gen Süden in die Schlacht ziehen. Einen Kreuzzug hat er ausgerufen. Und denen, die ihn mit Soldaten, Material oder Geld dabei unterstützen, wird er einen Ablass all ihrer Sünden gewähren. Eine wirkliche Innovation des Kriegsunternehmers Cossa im Papstamt. Denn bisher waren Kreuzzüge und damit verbundene Ablässe nur in Kämpfen gegen Heiden, Ungläubige und Ketzer möglich.

Diese Bullen überreicht Tiem nun dem Erzbischof, verbunden mit der Bitte, der König möge öffentlich den Ablass in Böhmen unterstützen. Sein Schaden, so lässt der eine Wenzel den anderen wissen, werde es nicht sein. Der Papst verspricht dem König eine ordentliche Provision, einen fetten Anteil am Ablassgewinn.

Jan Hus erfährt rasch von dieser Absprache. Er, der als Student selbst sein letztes Geld für einen Ablass ausgab, bittet nun den König dringend, dieses Geschäftsmodell zu verhindern. Die Ablassbulle dürfe nicht veröffentlicht und die Böhmen nicht geschröpft werden für einen „Kreuzzug" innerhalb der Christenheit. Er wird höflich, aber bestimmt abgewiesen. Auch Wenzel braucht Geld. Und eine gute Beziehung zum Papst, der Kaiser krönt, kann nicht schaden.

Bald dröhnen in den Straßen Prags die Stimmen und Trommeln der Ablasshändler. Überall – in den Kirchen und auf den Plätzen – werden Ablasspredigten gehalten. Im Veitsdom und in den anderen großen Kirchen werden eiserne Truhen mit Einwurfschlitzen aufgestellt. Wer Geld einwirft, erhält von einem Diener des Erzbischofs dafür einen Ablasszettel. Und noch besser: Mit Genehmigung des Königs darf Tiem das Ablassrecht an Gewerbetreibende weiterverkaufen – gegen eine Pachtgebühr.

Zunächst läuft das Geschäft gut. Doch dann ändert sich die Stimmung. Die Saat des Hus und der Wyclif-Thesen geht auf. Ein großer Teil der Bevölkerung mag nicht mehr an die finanzielle Sündenstraftilgung glauben. Ein Spottlied wird zum Hit in den Straßen:

Der Papstlegat, der kam nach Prag,
ließ die Prälaten wecken:
Ein jeder zu ihm kommen mag,
um Pläne auszuhecken,
wie durch den heiligen Glauben
das Land man könnt' berauben.

Dann zog der Trommler durch das Land,
den Ablasshandel er verstand:
Für eine Ziege, für ein Schaf
ließ er gleich nach die Höllenstraf',
und bracht' ihm einer eine Kuh,
das Fegefeuer noch dazu!

Hus, der sich eigentlich dem König verpflichtet fühlt, kann nicht länger schweigend zusehen. Von seiner Kanzel aus beginnt er, den Ablasshandel zu bekämpfen. Und er versucht, seine Kollegen an der Universität mit einer theologischen Erklärung für eine gemeinsame Erklärung gegen Kreuzzug und Ablass zu gewinnen. Dabei setzt er vor allem auf seine alten Weggefährten Stanislaus von Znaim und Stephan Paletsch. Hus initiiert eine öffentliche Debatte über den Ablass. Doch ausgerechnet Paletsch, zu dieser Zeit Dekan der theologischen Fakultät, spricht sich dagegen aus. Zur Seite springt ihm Stanislaus. Paletsch erklärt, päpstliche Bullen müssten einfach angenommen werden. Da gebe es überhaupt nichts zu diskutieren.

Die beiden langjährigen Freunde und Partner zu verlieren, schmerzt Hus. Er kann sich keinen Reim darauf machen. Wahrscheinlich, das belegen einige Quellen, waren die beiden Kollegen nach ihrer Italienreise durch Haft und Folter ziemlich geschockt und haben begonnen, ihre Aktivität mehr und mehr politisch und diplomatisch zu bewerten. Jetzt, im Streit um einen Ablass, sehen sie sowohl den König als auch den Papst als Ziel der Kritik. Sie wollen sich diese Mächtigen nicht wieder zu Feinden machen. Wohl deshalb lassen sie den alten Freund im Stich.

Hus selbst bleibt ein Wahrheitssucher – kein Diplomat, kein Politiker, kein Künstler der Taktik und Strategie. Er ist enttäuscht von den beiden *Krebsgängern* (*cancrisante*), vor allem von Paletsch. Er notiert: *Ein Freund ist mir Paletsch, eine Freundin die Wahrheit. Unter beiden muss man dieser den Vorzug geben.* Das ist sein einziger Bezug: die Wahrheit einer christlichen Existenz. Seine einzige Angst heißt, nicht präzise den Bezug zwischen der Wahrheit der Heiligen Schrift und der des eigenen Lebens benennen und gestalten zu können.

Immerhin unterstützt der Rektor der Universität, Markus von Königgrätz, die Initiative des Jan Hus. Die Disputation findet im großen Saal der Carolina statt – unter starker Beteiligung der Studenten und Magister. Hus hält seine Rede zum Thema: *Ob es nach dem Gesetz Christi erlaubt ist, zur Ehre Gottes, zum Wohle des Volkes und zum Nutzen des Königreiches den gläubigen Christen die päpstliche Bulle über den Kreuzzug gegen König Ladislaus von Apulien und dessen Genossen zu empfehlen.*

Seine Antwort auf die Frage ist eindeutig: Kein Papst oder Bischof sei berechtigt, im Namen der Kirche Kriege zu beginnen – schon gar nicht, wenn es dabei nur um irdische Herrschaft oder materielle Güter gehe. Auch durch die Begründung *um Christi willen* seien Kriege nicht legitimierbar. Die Sache Christi dürfe und könne nicht mit dem Schwert ausgefochten werden. Das habe Jesus seinem Freund Petrus schon im Garten Gethsemane klargemacht.

Zum Ablass meint Hus: Sündenstrafen erlassen zu bekommen heiße, den Heiligen Geist zu erfahren. Der lasse sich aber nicht mit Geld kaufen. Es sei sträfliche Vermessenheit, wenn der Papst für Geld Absolution erteile. Beim Erlass von Sündenstrafen gehe es allein um Reue, nie um Geld. Christus spreche: „Umsonst habt ihrs empfangen, umsonst gebt es auch", so sei es im Matthäus-Evangelium (10,8) zu lesen.

Nach Hus spricht sein neuerdings prominentester Mitkämpfer Hieronymus von Prag. Theologisch ist er nicht ganz so versiert, aber er ist ein glänzender Rhetoriker, der die Studenten zu Beifallsstürmen hinreißt. Nach seiner Rede begleiten ihn Hunderte von Studenten mit Jubelchören zu seiner Wohnung.

Hieronymus wird auch die Kreation eines Komödianten-Umzuges zugeschrieben. Mit Schwertern und Knüppeln bewaffnete Männer begleiten einen Wagen, auf dem steht ein als Hure verkleideter Student, dem man die Abschrift einer päpstlichen Bulle um den Hals gehängt hat. „Schaut her", rufen die Umzügler ins Volk, „wir führen die Ablassbulle eines gewissen Ketzers zum Scheiterhaufen." Jeder weiß, wer mit dem Ketzer gemeint ist: der Papst.

König Wenzel ist von dem erneuten Aufruhr wenig begeistert. Er fürchtet um seine neue, politisch attraktive Verbindung zu Papst Johannes XXIII. und ordnet an, dass die Räte der Prager Stadtteile ab sofort jeden mit der Todesstrafe belegen sollen, der den Papst und seine beiden Bullen öffentlich schmäht. Des Königs Order löst neue Tumulte aus.

Am 10. Juli, einem Sonntag, unterbrechen drei junge Handwerksgesellen in drei Kirchen, darunter dem Dom, mit identischem Text die Verkündigung des Ablasses in der Messe. „Du lügst, Priester!", schreien Martin Kridelko, Jan Hudec und Stasek Polak. „Vom Magister Hus haben wir es anders gehört! Es ist alles Betrug!" Sie werden von Bütteln festgenommen, zum Rathaus geschleppt, geprügelt, gefoltert und aufgefordert, zu widerrufen. Das machen sie nicht. So verurteilen städtische Beamte sie zum Tode. Schon am nächsten Tag soll das Urteil vollstreckt werden.

Als Hus von der bevorstehenden Enthauptung erfährt, macht er sich sofort auf den Weg zum Rathaus, begleitet von mehreren Magistern und mehr als tausend Studenten. Die Ratsherren lassen ihn ein. Jan Hus fordert Freiheit, mindestens aber Strafverschonung für die Handwerksburschen. *Sie sind ungerecht verurteilt worden!,* sagt er laut und deutlich. Sind sie schuldig, bin ich es auch. Ich habe dazu aufgefordert, sich dem Ablass zu widersetzen. Ich und die Menge draußen sind bereit, dieselbe Strafe auf uns zu nehmen.

Den Stadtvätern wird angesichts der wütenden Menschenmenge auf dem Rathausplatz angst und bange. Nein, versprechen sie dem Magister, es werde nicht zur Hinrichtung kommen. Hus solle doch bitte mit seinen Anhängern wieder abziehen. Wenige Stunden später lassen die Ratsherren die drei Männer im Stadtzentrum köpfen. Hunderte immer noch dort versammelte Demonstranten werden Zeugen des Geschehens. Sie fordern die Henker auf, an ihnen ihre Arbeit fortzusetzen. Dann wird es still.

Aus der Menge treten ein paar Frauen und hüllen die Leichname in weiße Tücher. Lehrer und Studenten heben die drei Körper auf und bringen sie in einem riesigen Totengeleit zur Bethlehem-Kapelle. Sie singen „Isti sunt sancti" – diese sind Heilige. Die Hingerichteten werden in der Kapelle beigesetzt. Jan Hus feiert für sie eine Märtyrermesse. Er nennt die Toten *Bekenner der göttlichen Wahrheit.*

Nach der Messe ermahnt Hus die Leute, selbst keine Gewalt auszuüben: *Lieber Unrecht vermeiden, als Unrecht tun.* Daraufhin strömen erneut Menschen vor das Rathaus. Die Menge bekundet lautstark: Auch wir sind bereit, für die Wahrheit zu sterben. Es kommt zu Verhaftungen und Misshandlungen. Aber die Stadtverwaltung riskiert es nicht, weitere Todesurteile auszusprechen. Im Gegenteil: Angesichts der Stimmung in der Stadt versucht man, die Gefangenen freizulassen, ohne weiteres Aufsehen zu erregen.

Auch in der Universität lodert der Ablassstreit weiter. Die theologische Fakultät fordert von Jan Hus, seine Schriften und Reden zur Einsicht dem Dekanat vorzulegen. Die früheren Freunde und aktuellen Gegner wollen seine Thesen auf Wunsch des Königs mit einer Gegenschrift beantworten. Hus weigert sich.

Paletsch gibt keine Ruhe. Er lässt die Hochschul-Theologen nochmals Wyclifs Artikel verurteilen und schließt gleich einige Sätze von Hus über den Ablass an, die ebenfalls verworfen werden. Im Rathaus verkündet Paletsch die nächste Attacke gegen Hus: Wer dessen nunmehr verurteilte Sätze weiter lehre, solle seine Habe verlieren. Der König findet das gut.

Hus und seine Unterstützer weisen diesen Angriff aus dem Kollegium entschieden zurück. Ein solcher Akt der Gewalt habe an einer Universität nichts zu suchen. Sie berufen sich auf die Freiheit der Wissenschaft. Die Ablassgegner organisieren eine Gegenveranstaltung in der Carolina. Dort verteidigen sie die verurteilten Sätze. Der Hauptbetroffene wiederholt seine wichtigsten Aussagen: Ein Priester oder Diakon dürfe auch ohne Erlaubnis des Papstes oder Bischofs predigen; denn sein Dienst verpflichte ihn nicht einer menschlichen Obrigkeit, sondern alleine Jesus Christus als dem wahren und ewigen Herrn der Kirche. Und: Weltliche oder kirchliche Autorität – ob als Bischof, Prälat oder König – könne niemand für sich beanspruchen, der in Todsünde lebe. Die Hus-Feinde sind nun endgültig überzeugt, dass man massiv einschreiten müsse, um dem Mann das Maul zu stopfen, ihn möglicherweise zu ermorden.

Am 2. Oktober 1412, dem Tag des Prager Kirchweihfestes, dringen bewaffnete deutsche und tschechische Prager, angeführt von Pfarrer Bernhard Chotek, in die Bethlehem-Kapelle ein. Sie wollen den predigenden Hus von der Kanzel holen und festnehmen. Seiner

Gemeinde gelingt es, ihn zu schützen und die Truppe aus dem Gotteshaus zu drängen. Hus schreibt auf: *Es kamen viele Päpstler in Rüstung auf mich zu, mit Geschossen, Lanzen und Schwertern, während ich in der Bethlehem-Kapelle predigte. Aber der Herr verwirrte sie, dass sie nicht recht wussten, was sie tun sollten. Sie kamen also zur Unzeit. Und so ist auch die Stunde meines Todes noch nicht gekommen, deshalb müssen sie mich predigen lassen, bis dass der Wille Gottes dazu kommt.*

Der große Bann

Drei Jahre dauert nun schon der Prozess gegen den Prager Magister vor der päpstlichen Kurie. Drei Jahre, in denen er sich geweigert hat, vor dem höchsten kirchlichen Gericht zu erscheinen. Von einem Kardinal zum anderen wurden die Prozessakten weitergereicht. Sein für ihn zur Kurie gereister Anwalt geriet zeitweise in Haft. Mehr als tausend Gulden Prozesskosten haben Freunde für ihn aufgebracht. Aber die Prager Papstfreunde sind ebenfalls liquide. Und jetzt haben sie es mit ihrem Geld geschafft: Das Urteil ist gesprochen.

In Rom, wo die Kurie des Johannes inzwischen wieder residiert, wird der schon bestehende Kirchenbann gegen Hus nun in einen „Großen Bann" verwandelt. Zwanzig Tage Zeit erhält der Verurteilte, seinen Ungehorsam aufzugeben. Danach wird das Urteil in einer Weise symbolisch präsentiert, die zahlreiche Gläubige in den Prager Kirchen schockiert.

Prediger verlesen die Bulle Johannes XXIII., in der der Große Kirchenbann über den vermeintlich ketzerischen Magister ausgerufen wird. Überall werden danach die Kerzen gelöscht, zerbrochen und auf den Steinboden geschleudert. Jan Hus ist damit endgültig

wegen seines Ungehorsams aus der Kirche ausgestoßen. Weiter heißt es: „Allen gläubigen Christen wird
verboten, dem gebannten, ungehorsamen Joannis Hus
Speise und Trank zu reichen, ihn zu beherbergen, mit
ihm zu sprechen, ihm etwas zu verkaufen, Feuer oder
Wasser anzubieten." Stirbt er, so darf niemand ihn
kirchlich bestatten.

In allen Pfarr- und Klosterkirchen Böhmens soll der
Bannfluch an jedem Sonn- und Feiertag wiederholt
werden. Unstet und flüchtig soll der Gebannte bleiben.
Jedes Dorf, jede Stadt, in der Hus sich künftig aufhält,
ist ebenfalls vom großen Bann bedroht. Und jedermann
ist aufgefordert, den Gebannten festzunehmen und ihn
an den Erzbischof von Prag oder den Bischof von Litomysl auszuliefern. Und: Die Bethlehem-Kapelle ist bis
auf den Grund zu zerstören.

Jan Hus, dem der Inhalt der Bannbulle schon vor der
öffentlichen Verkündigung verraten worden ist, reicht
bei der letzten Instanz Berufung ein: An den *allergerechtesten Richter Jesus Christus.* In der *„Appellation an Christus"* legt er seine Wahrnehmung des Prozessverlaufs
dar: *So appelliere ich nun an Gott als den höchsten und
gerechtesten Richter, der von Furcht nicht bewegt, durch Korruption nicht gebeugt und durch falsche Zeugen nicht
getäuscht wird.*

Er wünscht sich Solidarität und die Unterstützung
aller echten Christen, da *ich ungerecht unterdrückt bin
durch den vorgeblichen Bann,* den die Gegner in arglistiger
Weise gefördert und verhängt hätten. Man habe ihm
und seinen Verteidigern jede tatsächliche Anhörung
verweigert, zwei Jahre lang, *was doch nicht einmal einem
Juden, Heiden, Ketzer verweigert werden darf.* Dass er nicht
nach Bologna und Rom gereist sei, habe er mit guten
Gründen erklärt. Zudem sei es Aufgabe der Richter,
belegt im Alten und Neuen Testament wie auch im Kir-

chenrecht, dass sie *die Orte besuchen müssen, an denen ein Verbrechen begangen worden ist und dort über den Beklagten bei denen nachfragen sollen, die ihn aus langem Umgang kennen und nicht seine Feinde sind, auch nicht Lästerer, sondern ehrliche Leute und eifrige Bekenner der Gesetze Gottes.* Richter, fordert Hus, müssten unabhängig und dürften nicht zugleich Feind des Beklagten sein.

Weil diese Bedingungen nicht erfüllt worden seien, resümiert Hus, sei er frei und nicht aus der göttlichen Gemeinschaft ausgestoßen. *Diese Appellation überreiche ich, Johannes Hus aus Husinec, meinem Herrn Jesu Christo als dem allergerechtesten Richter, der eines jeden Menschen gerechte Sache kennt, schützt und darüber urteilt.* Hus lässt die *„Appellation an Christus"* öffentlich aushängen, in Sichtweite des erzbischöflichen Palais. Er sieht sich als Beauftragter des Herrn. Nur dieser könnte ihm das Recht absprechen, zu predigen, Messen zu lesen, Sakramente zu spenden. Und wenigstens seine Bethlehem-Gemeinde teilt seine Auffassung.

Die Ratsherren diskutieren darüber, ob und wie man endlich den dritten Punkt der Bann-Bulle realisieren könne – die Zerstörung der Bethlehem-Kapelle. Nur so, argumentiert die deutsche Gruppe im Rat, könne man Hus stoppen. Man müsse ihm und seinen Fans die Bühne endgültig wegnehmen. Eine Mehrheit Hus nahestehender, neutraler und gemäßigter Patrizier verhindert jedoch ein Abriss-Votum.

Erzbischof Albik entschließt sich, den Papst zu bitten, erneut das Interdikt über Prag zu verhängen. Es solle so lange gelten, wie Hus sich in der Stadt aufhält. Diesmal halten sich die Gemeinden strikt an die völlige Verweigerung kirchlicher Dienste. In Prag läuten keine Glocken mehr. Keine Messen werden gelesen, keine Sakramente gespendet. Weder Taufen, noch Hochzeiten, noch Begräbnisse werden abgehalten.

Nur in der Bethlehem-Kapelle geht alles seinen hussitischen Gang. Der Magister predigt noch immer und seine Freunde springen ein, wo Stadtpfarrer sich weigern, Tote zu begraben. Insgesamt aber hat sich die Stimmung deutlich zu Ungunsten von Jan Hus verändert. Das liegt auch daran, dass für viele Bürgerinnen und Bürger wahrnehmbar ist: Die Allianz zwischen Königshaus und Hus ist nicht mehr vorhanden. In Prag herrscht Depression. Städtisches Leben findet nicht mehr statt. Überall wächst die Angst vor Anschlägen und gewaltsamen Auseinandersetzungen.

Jan Hus ringt mit sich. Soll er aufgeben? Soll er Prag verlassen, damit drei Tage später das Interdikt erlischt? Soll er die Kanzel in seiner Kapelle meiden? Er zweifelt, sucht den Rat seiner Freunde. Einige beschwören ihn, den Kampf um die Wahrheit nicht aufzugeben. Aber die Mehrheit rät ihm, eine Pause einzulegen, selbst zur Ruhe zu kommen und der Stadt eine Chance auf ein neues, friedlicheres Miteinander zu eröffnen.

König Wenzel bittet ihn diskret, die Hauptstadt wenigstens für eine Weile zu verlassen. Der Monarch lässt ihm ausrichten, er wolle sich in dieser Zeit bemühen, die Lage neu zu ordnen, damit Hus möglichst bald wieder zurückkehren könne. Angesichts der Tatsache, dass der Magister mit seinem Angriff auf den Ablass die Geschäfte des Herrschers deutlich gestört hatte, kommt die Reaktion überraschend. Die Vermutung liegt nahe, dass Königin Sophie und Hus freundlich gesinnte Berater am Hofe noch Einfluss hatten. Ihre Position: Kann sein, dass es mit Hus schwierig wird, des Königs Ziel – die Kaiserkrone – zu erreichen; gegen ihn und mit einem Bürgerkrieg in Böhmen aber erscheint es ausgeschlossen.

Der Magister denkt und denkt. Für seine Abreise spricht, dass die anderen Reformprediger, die das Interdikt ebenfalls zum Schweigen zwingt, wenigstens wieder predigen könnten. Was tun? Er beschließt, die Gemeinde zu fragen: *Soll ich Prag verlassen?* „Ja, ja!", ruft ihm die Versammlung seiner treuesten Anhänger zu. Nicht, weil sie seiner überdrüssig wären, sondern weil sie um sein Leben fürchten. Und gleichzeitig hoffen sie, dass er bald wiederkommt.

Nach dieser bewegenden Antwort nutzt der Prediger ein letztes Mal den Ort, an dem er im wahren Wortsinn von sich reden machte. Das Interdikt stellt er an den rhetorischen Pranger. Für ihn ist es ein Werk des Bösen. Der Böse ist Papst Johannes XXIII. Das Interdikt deutet er als einen Beweis für die Richtigkeit der Thesen John Wyclifs zum Papsttum „De Christo et adversario suo Antichristo". Wyclif verglich den Lebenswandel der mittelalterlichen Päpste mit dem Lebenswandel Jesu. Der Gottessohn stehe für Wahrheit, Demut und Armut, für Gewaltlosigkeit, Liebe und Treue. Der Papst hingegen sei der in den Johannesbriefen bezeugte Antichrist. Seine Kennzeichen seien Lüge, Habsucht und Hochmut, Kriegslust, Maßlosigkeit, Pracht- und Ruhmsucht.

Hus: *Das Interdikt ist ein gutes Mittel, das der Antichrist nur zu dem Zweck anwendet, dass niemand seinen Priestern oder gar ihm selbst zu nahe treten soll.* Das Gottesdienstverbot sei ein Netz, das die Willkür des Papstes über ganze Völker ausspanne. *Auf diese Weise verteidigt der Antichrist seine Machtgier und seinen Mammon.* Damit stelle sich die Papstkirche bewusst in Gegensatz zu den ersten Christen und Priestern, *die mit Freuden jedes Unrecht litten. Wenn man ihnen ihre Habe nahm, sie verhöhnte, marterte und tötete, so stellten sie den Gottesdienst nicht ein, sondern beteten umso inniger und opferten sich in Christo auf.* Nicht Hus ist der Ketzer, seine Gegner sind es, die in Häresie leben. Die Gemeinde verabschiedet ihn mit Umarmungen und innigem Beifall.

Sechstes Kapitel

Das Exil

Der Störenfried ist weg, die Feinde des Magisters in Klerus und Hochschule atmen auf. Und sie hoffen, dass er, wie es der Bann will, als schutz- und ruheloser Flüchtling bei nächster Gelegenheit von irgendjemandem unterwegs ermordet wird. Dass er so enden könnte, beschäftigt auch Hus. Aus dem Exil schreibt er immer wieder an seine Freunde in Prag und schildert, wie Todesahnungen ihn heimsuchen. Tatsächlich aber hat Hus auch außerhalb der Hauptstadt inzwischen unzählige Sympathisanten und Unterstützer. Vor allem im niederen Landadel Böhmens, der sich vom Machthunger der Monarchie ebenso gequält fühlt wie vom pfründengeilen und geldgierigen Klerus.

Bei einem dieser Landadeligen findet Hus rasch Zuflucht. Er heißt Johann von Austi und quartiert den Magister auf seiner südböhmischen Burg Kozí Hrádek – zu Deutsch „Ziegenburg" – ein. Nicht weit von Kozí Hrádek wird später Tabor entstehen, die Stadt der Hussiten, was sicher kein Zufall ist. Aus seinem Asyl heraus ermuntert Hus brieflich seine jungen Kollegen, die ihn in der Bethlehem-Kapelle vertreten. Ihm selbst fehlt der Kontakt zu Gläubigen und Gemeinde in Messe und Predigt sehr. Er macht aus dem Thema – Hus bleibt Hus – eine Gewissensfrage: *Ich denke, dass ich gesündigt habe, als ich dem Willen des Königs folgend, das Predigen aufgegeben habe. Fürwahr, ich will künftig von dieser Sünde lassen.*

Es ist nur eine Frage von Wochen, bis Magister Jan in der Umgebung der Burg sein Predigerwesen wieder aufnimmt, wahrscheinlich ermuntert von seinem Gastgeber Austi, vor allem aber von dessen Ehefrau Anna. Sie wird in späteren Zeiten als energische Hussitin Glaubensflüchtlingen zur Seite stehen. Gut möglich, dass die Familie Austi zu jenen Waldensern zählte, die in Südböhmen untergetaucht waren. Neben Königin Sophie dürfte Anna die Frau gewesen sein, die Hus, den angeblichen Frauenfeind, zu einem bemerkenswerten Lob anregte: *Ich habe gefunden, dass Frauen sogar standhafter die Wahrheit verteidigen können, als es die Doktoren der Heiligen Schrift tun!*

Hus hält Gottesdienste, wie er selbst mitteilt, *auf Wegen und zwischen den Zäunen.* Unter den Landleuten verbreitet sich rasch, dass der Prediger wieder aktiv ist. Sie kommen in Scharen aus den kleinen Städten der Region geritten oder gewandert, um ihn zu hören. Seine Feinde haben sich getäuscht, er gibt keine Ruhe. Dem Flüchtling öffnen sich auch die Kirchentüren in den Dörfern und Landstädtchen. Ab und zu, überraschend für Freund und Feind, setzt er sich selbst aufs Pferd und reitet nach Prag. Er predigt in der Bethlehem-Kapelle vor euphorisiertem Publikum, das kaum fassen kann, wie ihm geschieht. Und bevor seine Gegner Wind davon kriegen, ist er wieder verschwunden.

So richtig ernst nehmen es auch die Herrschenden nicht mit dem Bann. Das Königshaus tut nichts, um Hus von Soldaten verfolgen zu lassen. Und der Nachfolger des Erzbischofs Albik, Konrad von Vechta, drückt ebenfalls beide Augen zu. Möglicherweise begünstigt der aus Westfalen stammende Mann Jan Hus sogar heimlich. Zehn Jahre später bekennt sich der wegen eines Beinleidens „der hinkende Deutsche" genannte Kirchenfürst nämlich zu den Hussiten und zieht den Bann auf sich. Klerus und Patrizier hassen Hus noch immer. Doch angesichts der Zurückhaltung des Königs und des Erzbischofs können sie die Fäuste nur in den Taschen ballen.

Einen Versuch der intellektuellen Befriedung machen König und Erzbistum immerhin noch. Eine Kommission soll im Frühjahr 1413 einen Kompromiss im Kirchenverständnis beider Seiten formulieren. Zu ihren Mitgliedern zählen auch der gerade wegen Erschöpfung und Alter abgetretene Albik und Hus' Weggefährte Christian von Prachatitz, aktuell Rektor der Universität. Für Hus sprechen sein juristischer Berater Jan von Jesenic sowie sein Schüler Jacobellus von Mies. Die Gegner aus der Fakultät werden angeführt von den einstigen Genossen Paletsch und Stanislaus von Znaim.

Beide Seiten bekunden die Bereitschaft zur Verständigung. Aber der Graben ist tief (und er existiert bis ins 21. Jahrhundert). Die „Römer" beharren darauf, dass die Kirche jene Organisation sei, an deren Spitze Papst und Kardinäle stehen. Für die andere Seite ist die Kirche ein unsichtbarer, geistlicher Leib mit Christus als Haupt und den Gläubigen als Glieder. Die „Päpstlichen" scheinen zunächst eine von der Kommission gefundene Brückenformel zu akzeptieren, rücken aber in letzter Sekunde von ihrem Einverständnis ab.

Dem König reicht es jetzt endgültig. Er schmeißt Stanislaus von Znaim, Paletsch und zwei weitere papsttreue Theologen aus ihren Ämtern und verbannt sie aus Böhmen. Stanislaus wird die Stadt nie wieder betreten. Der einst engagierte Verteidiger der Lehren Wyclifs und Freund von Hus stirbt in Mähren, bevor er Paletsch zum Konstanzer Konzil begleiten und final gegen Hus Front machen kann.

Autor und Sprachreformer

In den Wochen zwischen Auftritten und Ausflügen sitzt der Magister in seiner Kammer auf der Burg, schreibt und schreibt. Nicht in Latein, der Sprache der Universität, verfasst er seine neuen Texte, er schreibt tschechisch. Und der Inhalt seiner Werke besteht nicht aus theologisch-wissenschaftlichen Traktaten, sondern ist ein bewusster Versuch, die Menschen lesen zu lassen, was er gepredigt hat. Mehr als hundert Jahre vor Martin Luther macht sich ein Mann schriftlich auf den Weg zum Kirchenvolk. Das Problem dabei: Der Buchdruck ist noch nicht erfunden und es existiert noch keine normierte Schreibweise für das Volkstschechisch. Letzteres wenigstens lässt sich beheben. Von wem? Hus macht es selbst.

Er verfasst eine Abhandlung über tschechische Rechtschreibung und findet eine bis heute praktizierte Methode, die Laute seiner Sprache in möglichst einfachen Vokalkombinationen niederzuschreiben. Hus hinterlässt aus der Zeit auf der Ziegenburg eine reiche Bibliothek, die von Schülern und Freunden so zahlreich wie nur möglich abgeschrieben und unter die Leute gebracht wird. Er verfasst eine große Auslegung des Glaubensbekenntnisses, der Zehn Gebote und des Vaterunsers. Es entstehen dort auch seine bis heute gelesenen Schriften *„Über den Ämterkauf"* und (lateinisch) *„De ecclesia"*, in denen er seine Kritik am Zustand der Kirche sowie seine Idee der eigentlichen Gemeinschaft der Christen noch einmal zusammenfasst. Zum Bestseller wird die sogenannte *„Böhmische Postille"*, ein bunter Strauß aus Predigten, Reden und Deutungen, die in den kommenden Jahrzehnten unter den Hussiten als Lehrbuch und Leitfaden identitätsstiftend wirkt.

Finale in Böhmen

Ähnlich wirkt eine andere Schrift – nicht auf Pergament, sondern auf den Wänden der Bethlehem-Kapelle. Die wichtigsten Passagen aus seinem Traktat *„Von den sechs Irrlehren"* lässt der Magister bei einem seiner Prag-Besuche dort in tschechischer Sprache aufmalen. Alle können lesen, dass es falsch sei, wenn Priester behaupten, sie würden in der Wandlung den Leib Christi schaffen, oder dass man neben dem Glauben an Gott auch an die Gottesmutter, die Heiligen und den Papst glauben müsse.

Das ist es, was die Widersacher nicht müde werden lässt. Sie sehen in Hus einen, der ihre Welt zerstören kann. Wenn man Hus selbst fragt, erklärt er immer wieder, dass es ihm um die staatliche, universitäre oder institutionell-kirchliche Ordnung überhaupt nicht gehe. Er sucht die Wahrheit – und zwar jene der Heiligen Schrift. Er ahnt nicht, was er mit seinen Worten auslöst: Sie entzünden eine Fackel des Rechts auf Individualität und eigenständige Gewissensentscheidung, die kaum noch zu löschen sein wird.

Jan Hus zieht noch einmal um, von Kozí Hrádek im Süden Böhmens auf die Burg Krakovec, einen Tagesritt westlich der Hauptstadt. Sein Gastgeber ist Herr Lefl von Larzany. Auch in dieser Gegend lehrt und predigt er, erfreut die Menschen, tröstet sie und betet mit ihnen. Vor allem aber ist es von Krakovec aus nicht so weit bis nach Bethlehem, wo er jetzt noch häufiger weilt. Dort wird er auch gehört haben, dass König Wenzel seine Nachfolge regelt. Wahrscheinlich wird es ihm sogar Königin Sophie selbst erzählt haben.

Die junge Königin hatte Spielräume, die sie auch politisch zu nutzen verstand. Beispiel: Sie trug wohl dazu bei, dass Jan Hus in seinem Widerstand gegen den

Ablass bisher glimpflich davon kam. Aber die Uhr tickt. Auf dem Sprung ist der politisch hochbegabte, kommunikative und zähe Halbbruder Sigismund. Den hatte Kaiser Karl zur Sicherung der Interessen des Hauses mit Maria, der einzigen Tochter des ungarischen Königs, verehelicht. Maria starb früh. Sigismund erlitt auf dem Balkan eine Reihe schrecklicher Niederlagen – militärisch wie politisch. Fortan wechselte er seine Bündnisse wie Hemden. Bruder Wenzel wird seinen Jagdhunden des Öfteren ein Lied davon gesungen haben. Sigismunds zweite Frau, Barbara von Cilli, Tochter eines mächtigen Verbündeten aus Slowenien, sah ihren Gatten manchmal jahrelang nicht. Immerhin gelang es den beiden, eine Tochter zu zeugen. Das einzige legitime Kind.

Der vielsprachige Sigismund reiste unentwegt quer durch Europa. Das nutzte er zu vielseitiger Beziehungspflege, politisch wie sexuell. Mit Charme und Eloquenz überzeugte er Gesprächspartner und bezauberte die Damen. Seine Liebesschwüre, heißt es, hätten eine ähnliche Halbwertszeit gehabt wie seine politischen Zusagen. Als handelnder Mensch war er also ziemlich genau das Gegenteil von Jan Hus – was dieser leider anfangs nicht wusste, am Ende aber auf grauenhafte Weise erfuhr.

Wenzel, müde und das Alter spürend, hat beschlossen, seine böhmische Krone Sigismund zu vererben. Der potentielle Nachfolger interessiert sich deshalb stärker als bisher dafür, die Unruhen im Königreich und seiner Metropole Prag zu beseitigen. In seinem mehrkanaligen Erfolgssystem hat er schon eine ganze Reihe positiver Schlagzeilen erzeugt. Gerade scheint ihm auch in Sachen Kirche etwas ganz Großes zu gelingen – ein realistischer Weg zur Überwindung des Schismas und des dreiköpfigen Papst-Ungeheuers.

Der deutsche König hat geschafft, was manche vor ihm erfolglos versucht hatten: Der römische Papst Johannes XXIII. verpflichtet sich ihm gegenüber, ein allgemeines Konzil einzuberufen – und zwar auf nicht-italienischem Boden, nördlich der Alpen. Eine Sensation. Am 1. November 1414 soll es in Konstanz am Bodensee feierlich eröffnet werden. Wenn es diesem Konzil gelänge, die Spaltung des Papsttums wie die ständigen Lehrstreitigkeiten unter den Theologen zu beenden und eine Kirchenreform einzuleiten – Sigismund würde die Kaiserkrone geradezu aufgedrängt.

Neben ihm würden von dieser Entwicklung vor allem das Kardinalskollegium und die Versammlung der Bischöfe profitieren, die neues Ansehen als Sachwalter der Vernunft gewännen. Das hat Sigismund den Kirchenfürsten in allen Lagern ausgiebig soufflieren lassen. Und so gesehen wäre es dann nur eine logische Konsequenz, auch den Streit im Ketzerland Böhmen von diesem Konzil beenden zu lassen.

Durch alle Universitäten der katholischen Welt geistern Gerüchte darüber, wie schrecklich häretisch es in der Prager Hochschule zugehe. Wer als Student aus Prag an eine andere theologische Fakultät wechselt, muss zuerst erklären, wie er persönlich zu Wyclif und seinem Erben Hus steht. Jean Gerson, der Kanzler der Pariser Universität, schreibt einen wütenden Brief an den Erzbischof von Prag und fordert, er möge endlich das ganze verdorbene Ketzerkraut ausreißen. Das Image, so muss PR-King Sigismund seinem Bruder Wenzel klargemacht haben, bedarf dringend einer Optimierung. Wo und wie sollte das besser gelingen als in einer fairen und sachlichen Verhandlung im Rahmen des Konstanzer Konzils?

Und Hus? Keine Sorge, beschwichtigt Sigismund. Wenn der Magister wirklich so kompetent, sachlich überlegen und rhetorisch perfekt sei, wie man ihm erzählt habe, dann packe er das in Konstanz! Er solle nur hinreisen und selbst die Rechtgläubigkeit der Böhmen erklären.

Bruder Wenzel stimmt zu. Sigismund beauftragt zwei seiner Leute, Jan von Chlum und Wenzel von Duba, Hus aufzusuchen. Die tschechischen Ritter erscheinen ihm als Idealbesetzung: Sie stehen einerseits in seinen Diensten, andererseits sind sie Anhänger des Magisters. Die beiden Edelleute fordern zusammen mit Burgherr Larzany Jan Hus in Krakovec auf, vor dem Konstanzer Konzil zu erscheinen. König Sigismund, das versichern sie nachdrücklich, werde Hus für die Reise und den Aufenthalt am Bodensee freies Geleit zusichern.

Kurz nach Chlum und Duba erscheint ein weiterer Bote, mit Namen Mikes Dlovky, um ihm noch einmal das Versprechen zu übermitteln, der König wolle alles zu einem guten Ende bringen. Nachdem er seinen Auftrag erledigt hat, atmet Dlovky jedoch noch einmal tief durch, sieht Hus in die Augen und sagt: „Magister, du solltest wissen, dass du verdammt werden wirst." Daran erinnert sich Hus später im Konstanzer Kerker: *Ich muss jetzt wohl glauben, dass Mikes die Absichten des Königs nur zu gut durchschaut hatte.*

Jan Hus grübelt. Mit seinen Freunden bespricht er Chancen und Risiken. Auch Hus' Anwalt Jan von Jesenic soll nach Konstanz reisen. Der Jurist, der 1412 bei seinem Versuch, Hus in Bologna zu verteidigen, verhaftet und gefoltert worden war, will allerdings nicht. Und er warnt seinen Freund dringend, es auch nicht zu riskieren.

Hus ist die Gefahr bewusst. Aber schließlich hat er im Unterschied zu Jesenic das Wort des Königs: freies Geleit nach Konstanz und dort „Unantastbarkeit". Am meisten reizt ihn die Chance, der weltweiten Versammlung der Kirche erläutern zu können, warum er um Christi willen einem sündigen Papst den Gehorsam verweigern musste. In ihm wächst die Hoffnung, das Konzil vielleicht sogar motivieren zu können, die Reform der Kirche energisch voranzutreiben. Diese Gelegenheit muss er nutzen – Gefahren hin oder her! Zur Reise nach Konstanz gibt es keine Alternative.

Zusammen mit Anwalt Jesenic macht sich Hus nun daran, die notwendigen Zeugnisse und Bestätigungen für Konstanz zu sammeln. Er braucht zum Beispiel Dokumente, die offiziell erklären, niemand zuhause in Böhmen halte ihn für einen Ketzer. Hus lässt am 26. August 1414 in Prag ein Plakat anbringen, auf dem in Deutsch, Tschechisch und Latein steht, dass er bereit sei, vor Erzbischof und Klerus in Prag seinen Glauben zu bezeugen. Er lädt jeden, der seine Rechtgläubigkeit bezweifelt, dazu ein, bei diesem Treffen aufzutreten und ihn der Lüge zu überführen. Solche Gegner müssten sich allerdings verpflichten, im Falle ihrer Niederlage dieselbe Strafe zu erleiden, der sich Hus unterziehe, falls sein Glaube als falsch erkannt werde.

Dass Hus vor der Synode auftritt, verhindern gegnerische Kleriker mit fadenscheinigen Argumenten. Hus bekommt dennoch, was er braucht. Erzbischof Konrad von Vechta erklärt vor Priestern und Adeligen im Jakobskloster, an der Rechtgläubigkeit des Magisters gebe es nicht den geringsten Zweifel. Selbst der päpstliche Inquisitor für Böhmen, Bischof Nicolaus Condemone, erklärt öffentlich: „Mit dem Magister Hus bin ich häufig zusammen gewesen, habe mit ihm gegessen und getrunken, seine Predigten gehört und viele Gespräche mit ihm über die Heilige Schrift geführt. Ich habe aber niemals eine Ketzerei bei ihm wahrgenommen. Ich habe ihn vielmehr als einen rechtschaffenen und katholischen Mann erkannt und nichts Irriges bei ihm bemerkt. Ich kenne bis zur Stunde niemanden, der ihm Ketzerei nachgewiesen habe. Das hat selbst dann niemand versucht, als der Magister dieser Tage in einem öffentlichen Maueranschlag dazu aufgefordert hat." Jesenic lässt diese Aussage sofort von einem Notar beglaubigen.

Hus hängt ein weiteres Plakat aus, diesmal an der königlichen Burg und nur in tschechischer Sprache: Da sich niemand gefunden habe, der ihn angeklagt habe und der Erzbischof ihn mit seiner positiven Bewertung in Frieden ziehen lasse, *so bitte ich nun die königliche Majestät, mir getreues Zeugnis auszustellen. Zugleich zeige ich hiermit ganz Böhmen und allen Nationen an, dass ich mich in nächster Zeit auf dem Konzil zu Konstanz vor dem Papst und allen, die dort sein werden, stellen werde.* Jeder, der ihn ketzerischer Lehren verdächtige, sei aufgefordert, auch nach Konstanz zu reisen und seine Sache *dort vor dem Papst und allen Doktoren vorzutragen.*

Die öffentliche Debatte in Konstanz ist Jan Hus außerordentlich wichtig. Deshalb schreibt er am 1. September an Sigismund: *Ich wünsche, nicht im Geheimen, sondern in einer öffentlichen Verhandlung gehört und geprüft zu werden, zu predigen und mit Hilfe des Heiligen Geistes allen zu antworten, [...] die mich beschuldigen wollen. Und so hoffe ich, werde ich mich nicht fürchten, Christus, den Herrn, zu bekennen und, wenn es notwendig sein wird, für sein wahrhaftiges Gesetz auch den Tod zu erleiden.*

In Krakovec wartet der Magister nun auf den versprochenen Geleitbrief des Königs. Er nutzt die Zeit, um sich akribisch auf seinen Konstanzer Auftritt vorzubereiten. Drei Reden schreibt er, die allesamt überliefert sind. Beginnen möchte er mit einer *„Rede über den Frieden"*, quasi als Grußwort an die Konzilsversammlung. Hus benennt darin drei Arten des Friedens: Friede des Menschen mit Gott, mit sich selbst und mit seinen

Nächsten. Den Frieden mit Gott bezeichnet er als den allernotwendigsten. Er sei jedoch derjenige, der am schwersten herstellbar sei. Der Weg dorthin führe im Sinne der Botschaft Christi – „Meinen Frieden gebe ich euch! Ich gebe euch nicht den Frieden dieser Welt!" (Joh 14,27) – in eine Vergeistigung, in eine stille Welt der Tugend. Dazu müssten alle irdischen Begierden gezähmt werden.

Der Friede mit sich selbst könne erst erreicht werden, wenn der mit Gott gehalten werde. Und der Friede mit den Nächsten fordere, besonders von der Geistlichkeit, die Hus ganz direkt anspricht, nicht vor Lastern und Sünden zu kapitulieren, sondern heftig zu widersprechen, wenn Kirche und Staat auf den Weg des Unglaubens geraten. Wer, auch als Kirche, Frieden mit Gott suche, müsse überall dort widersprechen, wo weltliche Sünden herrschen. Der *Ritter Christi* als Friedensstifter sei daran zu erkennen, dass er *wider den dreifachen Feind kämpft, das heißt gegen Körper, Teufel und Welt.* Eine Selbstbeschreibung des Magisters? Aber ja!

In der „*Rede vom Glauben*" beschäftigt sich Hus mit den Formeln des Glaubensbekenntnisses. Feinsinnig unterscheidet er im Sinne des Kirchenlehrers Beda zwischen *ich glaube an Gott* und *ich glaube Gott.* Selbst seine Feinde hätten Jesus geglaubt, aber eben nicht *an* ihn geglaubt. *Glauben an* sei auf etwas Göttliches, etwa außerhalb der menschlichen Einflussnahme Stehendes, bezogen. Deswegen könne kein Mensch Gegenstand des Gottesglaubens sein, auch die Gottesmutter Maria, Heilige und Märtyrer nicht. Wenn es heiße, *ich glaube an die Kirche,* sei damit jene unsichtbare Kirche gemeint, deren Oberhaupt Jesu sei. Der irdischen Form könne man allerhöchstens glauben. Und zwar dann, wenn sie sich selbst als Versammlung der an Gott Glaubenden betrachte, die keine eigenen Ansprüche an die Menschen stelle, sondern die Forderungen Gottes, seines Sohnes Jesus und des Heiligen Geistes. Klare Aussage: Die weltliche Form der Kirche entscheidet durch Tun und Lassen, ob sie glaubwürdig ist.

Im dritten Text behandelt Hus die *„Vollgenügsamkeit des Gesetzes Christi"* für die Kirche. Der Titel verrät bereits, was das Ergebnis seiner Überlegungen ist. Eine Kirche kann drei Formen von Regeln haben: solche, *die im Gesetz Christi stehen*, solche, die das Gesetz Christi ergänzen sollen und schließlich jene, die ihm widersprechen. Kern des Gesetzes Christi sei die Liebe zu Gott und den Menschen. Form zwei betrachtet Hus als anmaßend und schon deshalb sündig, weil sie den Anschein erwecke, dass Christi Gesetz *unvollkommen* sei und *ergänzt* werden müsse. Form drei, darüber müsse nicht lange geredet werden, sei Sünde pur. So fordert Hus ausdrücklich, an der Spitze der irdischen Kirche müssten Kenner des Gesetzes Christi, also Theologen, stehen. Nur dann sei es möglich, es umzusetzen und Fehlentwicklungen zu korrigieren. Wenn man die berufliche Qualifikation der damaligen Päpste und Bischöfe an Hus' Forderung misst, ist rasch zu erkennen, wie schwer es sie getroffen hätte, wenn Hus seine Reden in Konstanz tatsächlich hätte halten dürfen. Die drei Reden aber blieben im Gepäck.

Siebtes Kapitel

Das Ende kommt in Sicht

Aufbruch nach Konstanz

Der Magister wartet und wartet. Der Geleitbrief kommt nicht. Stattdessen sendet ihm der König gute Bekannte als „lebendiges Geleit". Kurz vor der Abreise schreibt Hus noch einen Brief an seinen Schüler Martin von Volyne nach Prag. Eine Art Testament ist es, in dem er bestimmt, was im Falle seines Todes mit dem gesparten Geld und seiner Kleidung geschehen soll.

Den Ritt nach Konstanz auf seinem *treuen Ross Grabstyn* tritt Hus am 11. Oktober 1414 in einer kleinen, aber feinen Reisegesellschaft an. Sigismund hat ihm als Begleitritter Wenzel von Duba und Jan von Chlum zur Seite gestellt. Zu Chlums Tross zählt der junge Geisteswissenschaftler Peter von Mladoniowitz. Der etwa Zwanzigjährige fungiert als Schreiber Chlums. Seine Briefe aus Konstanz wurden für die Geschichtswissenschaft zu den bedeutendsten Quellen bei der Bewertung der Umstände, unter denen Hus dort lebte, gefangen gehalten wurde und endete. Mladoniowitz stammte aus Nordmähren. Die Briefe zeigen einen Verehrer und Freund, der aus seiner Verbundenheit mit dem großen Magister keinen Hehl macht. Zu der rund dreißigköpfigen Gruppe zählt außerdem Magister Johannes von Reinstein, der offizielle Repräsentant der Prager Universität.

Die Reise führt von Böhmen aus quer durch die Oberpfalz und Franken nach Nürnberg. Hus selbst schildert in einem Brief aus Nürnberg den Prager Freunden seine Eindrücke von der Aufnahme in den deutschen Städten und Gemeinden. Am 24. Oktober 1414 schreibt er, als habe es ihn selbst überrascht: *Wisst, dass ich nie mit übers Gesicht gezogener Kapuze, sondern immer frei, mit unverhülltem Gesicht gereist bin!*

Schon in der kleinen Grenzstadt Bärnau, von Karl IV. wegen ihrer wichtigen Lage am Goldenen Pfad Nürnberg-Prag als „neuböhmisch" bezeichnet, erlebt Hus einen Empfang, der allen Befürchtungen – nationalen, kulturellen wie kirchlichen – total widerspricht: *Als ich Böhmen verließ, wartete gleich zu Anfang, noch ehe ich nach Bärnau kam, schon der Pfarrer mit den Vikaren auf mich.* Der Priester führt ihn ins Pfarrhaus. *Und als ich in die Stube trat, schenkte er mir sofort einen großen Humpen Wein ein, nahm mit seinen Gefährten meine ganze Lehre freundlich auf und erklärte, er sei immer mein Freund gewesen.*

So geht es weiter. In Neustadt an der Waldnaab *sahen mich alle Deutschen gern.* In Weiden, der späteren Porzellanstadt in der Oberpfalz, versammeln sich Hunderte von Menschen und begrüßen den Magister mit freundlichem Beifall. In Sulzbach, der „Hauptstadt" des kaiserlich annektierten Teils Bayerns, findet just in dem Gasthaus, in dem Hus und seine Begleitung Quartier nehmen, gerade ein Gerichtstag statt. Hus nutzt auch hier die Gelegenheit, um mit den Leuten Kontakt aufzunehmen, und geht in den Gerichtssaal. *Dort sagte ich im Saale zu den Schöffen und Ältesten: Seht, ich bin der Magister Jan Hus, über den ihr vermutlich viel Schlimmes gehört habt. Stellt also eure Fragen an mich!* Die Neugier der Versammelten ist offenbar gewaltig. *Und als wir vieles besprochen hatten, nahmen sie alles sehr dankbar auf.*

In Hirschfeld, in Hersbruck – eigentlich fränkisch, aber ebenfalls von Karl IV. „neuböhmisch" gemacht – dieselben Erfahrungen. Und in Lauf an der Pegnitz, wo Hus und die Seinen die nächste Etappe abschließen,

kam der Pfarrer, ein sehr bewanderter Jurist, mit den Vika-
ren. Ich unterhielt mich mit ihm, und auch er nahm dankbar
alles auf.

Ob Sulzbach oder Lauf, bisher hat sich Hus in einer
Region bewegt, in der die Verbindung nach Prag schon
aus wirtschaftlichen Gründen außerordentlich positiv
bewertet wird und in der „Böhme" kein Schimpfwort
ist. Nun aber geht die Reise Richtung Nürnberg. Die
Stadt an der Noris ist sowohl Kontrahentin als auch
Partnerin Prags. Man scheint dort mit besonderer Aufmerksamkeit die Entwicklung in der böhmischen
Metropole verfolgt zu haben. Und was der Prediger Hus
seiner Gemeinde in der Bethlehem-Kapelle verkündet
hat, ist von wandernden Kaufleuten und Studenten
längst in Nürnberg verbreitet worden. Selbstverständlich, so notiert Hus, haben die reisenden Händler, *die*
uns vorausgeeilt waren, unsere Ankunft schon gemeldet.
Ergebnis: *Daher stand hier Volk auf den Straßen, hielt Aus-*
schau und erkundigte sich, welcher der Magister Hus sei.

Als sich die Prager Delegation zum Mittagessen setzen will, wird Hus ein Brief von Magister Johannes Helwel, Pfarrer an der St. Lorenzkirche, übergeben. Darin
habe er mitgeteilt, *dass er schon seit langem gerne mit mir*
sprechen wollte. Ich antwortete ihm auf demselben Blatt, er
möge kommen, und er kam. Kaum hat Hus begonnen, sich
auf das Treffen mit Helwel vorzubereiten, signalisiert
man ihm, dass auch andere *Bürger und Magister* mit ihm
sprechen wollen, allerdings hinter verschlossenen
Türen. Das ist nun gar nicht im Sinne des Meisters der
offenen Worte: *Da antwortete ich ihnen: Ich predige öffent-*
lich und will, dass mich alle hören können, die das wollen.
Und sofort von dieser Stunde an unterredeten wir uns vor den
Schöffen und Bürgern bis zum Anbruch der Nacht.

Bei dieser Debatte mit Intellektuellen, Juristen,
Theologen, Vertretern der Stadt, der kirchlichen Auf-

sicht sowie der Klöster in Nürnberg und Umgebung geht es heftig zur Sache. Inhaltlicher Streit, wie ihn Hus mag und sucht. Streit vor einem interessierten Publikum, vor Menschen, denen Reichtum und Macht der Kirchenleute auch gewaltig gegen den Strich gehen. Hus registriert: *Da war ein Doktor, ein Kartäuser, der brachte wunderliche Einfälle vor. Und ich merkte, dem Magister Albert, Pfarrer von St. Sebald, gefiel es nicht recht, dass die Bürger meiner Meinung zustimmten.* Dennoch muss der Gast aus Prag einen guten Eindruck gemacht haben – das kommt als Feedback nach der Debatte jedenfalls bei Hus an. Alle erkennen den neuen Stil der öffentlichen Auseinandersetzung über Dinge, die bisher autokratisch verkündet wurden, an. *Schließlich waren alle Magister und Bürger zufriedengestellt.*

Im selben Brief teilt der Reisende den Freunden in Prag mit, *dass ich bisher noch keinen Feind entdeckt habe. In jeder Gaststube hinterlasse ich zum Abschied die Zehn Gebote, und irgendwo klebe ich sie mit Mehl an. Alle Wirtinnen samt ihren Männern nehmen mich sehr gastfreundlich auf. Nirgends macht man den Bann bekannt.* Und alle loben sein exzellentes Deutsch, in dem er Thesen und Theorien darstellt und sich mit Gästen wie Gastgebern unterhält. *Ich gestehe also, dass gegen mich keine größere Feindschaft besteht als bei den Bewohnern des Königreiches Böhmen!*

Auch über seine Begleiter weiß der Magister nur das Beste mitzuteilen. Wenzel von Duba wie Jan von Chlum würden ihn *sehr gütig und freundlich* behandeln. Sie seien *gleichsam die Herolde der Wahrheit oder – richtiger gesagt – die Beschützer der Wahrheit. Mit ihnen geht unter Gottes Beistand alles glücklich vonstatten.*

In Nürnberg trennen sich die Wege. Chlum und Hus reisen durch Bayern und Schwaben direkt Richtung Bodensee, *wohin auch Papst Johannes auf dem Weg ist.* Duba trifft sich mit König Sigismund in Speyer. Eigentlich hätte auch Hus diesen Weg wählen sollen, schon des versprochenen Geleitschreibens wegen, das in Speyer wartet. Die Eindrücke der bisherigen Tour machen es aber in Hus' Augen verzichtbar. Die Reisegruppe erreicht Konstanz ohne Zwischenfälle. Chlum, inzwischen mit Hus' Ideen durch die zahlreichen Debatten unterwegs noch besser vertraut, handelt sich in Schwaben einen Spitznamen ein. Weil er in Biberach so trefflich über Gehorsam und Bann spricht, halten ihn die Bürger für einen Theologen. Hus und die Freunde witzelten von nun an, er sei der *Doktor von Biberach.*

Ankunft in der Konzilsstadt

Am 28. Oktober 1414 ist Johannes XXIII. feierlich in der Bischofsstadt am Bodensee eingezogen. Die beiden anderen Päpste weigern sich nach wie vor, die Versammlung anzuerkennen. Am 5. November soll das Konzil zu Konstanz feierlich eröffnet werden.

Am 3. November erreicht Hus die Stadt. Der Konstanzer Bürger Ulrich Richental beschreibt dies in seiner Chronik des Konzils so: „Sie hatten mehr als 30 Pferde und zwei Wagen. Hus selbst hatte einen kleinen Wagen, auf dem er und sein Kaplan saßen, und sie zogen in Pfisters Haus an der St. Paulsgasse." Dass und wann der Prager Magister eintreffen würde, hatte sich in der gesamten Stadt rasch herumgesprochen.

6 000 Einwohner hatte Konstanz zu dieser Zeit, während des Konzils erhöhte sich die Zahl um ein Vielfaches. Neben der Geistlichkeit hatten Straßenhändler, Geldverleiher, Prostituierte, Gaukler und Geschäftemacher aller Art beschlossen, die Gunst der Stunde zu nutzen. Höflinge und Soldaten der weltlichen Herren aus halb Europa, Studenten und neugierige Zeitgenos-

sen tummelten sich ebenfalls in den Straßen und Gässchen der Stadt wie der umliegenden Dörfer. Jeder prominente Neuankömmling wurde zum Gegenstand eines Auflaufs an den Stadttoren.

Als der Magister und seine Delegation eintreffen, begaffen ihn Hunderte von Leuten. Das Quartier bei der Witwe Fida Pfister hat Jindrich von Lacembok für Hus besorgt, der dritte königliche Geleitsmann und ein Verwandter Jan von Chlums, der Hus und der Delegation vorausgeritten war. Die beiden Ritter haben am 4. November einen Termin beim Papst, um ihm das Eintreffen des Prager Magisters zu melden. Johannes XXIII. empfängt sie in größter Leutseligkeit. Er persönlich, so sagt er seinen Gästen, habe überhaupt nichts gegen Hus.

Johannes XXIII., das wusste jeder Konzilsgast, steht unter mächtigem Druck – von allen Seiten. Die Kardinäle und Theologen begegnen ihm schon deshalb mit Argwohn, weil er theologisch völlig ungebildet ist und ein „Politiker", dem es offensichtlich nur um den eigenen Vorteil geht. Und die Fürsten, die zu den Anhängern der beiden Gegenpäpste zählen, sehen in ihm eine Übergangsfigur, die man nicht sonderlich ernst nehmen muss.

Der einzige, auf den er einigermaßen bauen kann, glaubt Johannes, sei König Sigismund. Mit dem durfte er es sich nicht verderben. Das begründet eine freundliche Haltung gegenüber Hus. Andererseits: Wenn er dem Ketzer gegenüber zu großzügig wäre, wäre dies das gefundene Fressen für die ihm feindlich Gesinnten, allen voran den französischen Kardinal Pierre d'Ailly und seinen Freund Jean Gerson, Wyclif- und Hus-Gegner aus der Pariser Universität.

Die beiden Ritter haben mit dem freundlichen Empfang durch den Papst nicht gerechnet. Noch mehr überrascht es sie, als er ihnen erklärt, er setze den Bann und das Interdikt gegen Hus aus. Hus könne sich in Konstanz ganz sicher fühlen und sich frei bewegen. Doch als sie wenig später ihrem Schutzbefohlenen diese Nachricht überbringen, ist wieder alles anders.

Bei Hus ist inzwischen ein Papst-Vertrauter aufgetaucht mit der Botschaft, es werde gefährlicher für den Magister, als der Papst geglaubt habe. Deshalb sei es besser, wenn er nicht am Hochamt im Konstanzer Münster teilnehme. Und außerdem rate ihm Johannes, er möge doch seine Angelegenheit mit den Kardinälen unter der Hand regeln und anschließend ganz im Stillen die Konzilsstadt verlassen.

Inzwischen ist auch Wenzel von Duba eingetroffen und hat Jan Hus des Königs Geleitbrief überreicht. Sigismund hat einen höflichen Text verfassen lassen, in dem alle gebeten werden, „ihn freundlich und höflich aufzunehmen". „Jegliche Beschwer" solle von ihm ferngehalten werden, „sei es zu Wasser, sei es zu Lande". Klingt schön, aber was ist es im Ernstfall wert? Nicht nur Begleiter Jesenic runzelt die Stirn.

Immerhin, das Wort des Papstes ermöglicht es Jan Hus, in Konstanz die Messe zu lesen, wenn auch nur in seinen Räumen. Und er spendet den Nachbarn der Witwe Fida, die sich um ihn versammeln, die Sakramente. Das erbost die Kardinäle, die ihre Spione überall in der Stadt verteilt haben. Hus' Begleiter können aber, als man sie darauf anspricht, auf die Aussetzung des Bannes durch den Papst hinweisen. Von Chlum sucht noch einmal das Gespräch mit Johannes XXIII. Er bittet den Papst, den Prozess gegen Hus einfach niederzuschlagen. „Das kann ich nicht", antwortet der Papst, „fragt doch mal eure böhmischen Landsleute. Gerade die sind dagegen."

Tatsächlich haben sich einige alte und neue Feinde aus Prag inzwischen in Konstanz eingefunden. Sie zählen alle zur offiziellen Vertretung der böhmischen Kirche. Der Ablass-Legat Wenzel Tiem ist dabei, Michael de Causis, der „eiserne" Bischof Johann von Leitomischel – Chef der böhmischen Delegation und Hus-Hasser. Der wichtigste Theologe unter ihnen aber ist Stephan Paletsch, der die ersten Wochen in Konstanz dazu nutzt, die allgemeine Stimmung gegen Hus mit allen Mitteln aufzuputschen.

Paletsch und de Causis fertigen Auszüge aus Hus-Schriften, gehen in die Quartiere der Bischöfe und weltlichen Herren, händigen ihnen die Zitate aus und warnen vor dem „gefährlichsten" Ketzer der Kirche. Paletsch ist inzwischen tatsächlich zum Todfeind geworden. Er will Hus sterben sehen. De Causis schafft Öffentlichkeit.

Hus schreibt in einem Brief an die Freunde in Prag, dass de Causis *an einer Kirche die Anklagen gegen mich anklebt. Und er setzt in großen Buchstaben eine Einleitung darüber, dies seien Anklagen gegen den gebannten, verstockten und der Ketzerei verdächtigen Jan Hus. […] Dies beachte ich jedoch nicht, mit Gottes Hilfe.* Auch Stanislaus von Znaim wäre in Konstanz gegen Hus aufgetreten. Sein Tod auf der Anreise erspart dem Magister wenigstens diese Kränkung.

Paletsch formuliert eine neue, acht Punkte umfassende Anklageschrift wegen Ketzerei gegen Jan Hus. Die legt er dem Papst und den Kardinälen vor. Nun fordert Kardinal Pierre dAilly, dass gegen Hus sofort vorgegangen werden müsse. Am 28. November geschieht dies.

Im Quartier des Magisters erscheinen die Bischöfe von Trient und Augsburg und ein Jurist der päpstlichen Kurie namens Ottoboni in Begleitung des Konstanzer Bürgermeisters und des Ritters Hans von Bodman. Letzterer hat das Haus bereits von seinen Kriegsknechten umstellen lassen. Jan von Chlum erkennt die Gefahr und warnt die Gruppe davor, etwas gegen den Willen und die Ehre des Königs zu unternehmen, der Hus freies Geleit zugesichert habe. Der Bischof von Trient antwortet Chlum, es gebe keinen Grund sich aufzuregen. Es gehe lediglich um ein Gespräch mit dem Magister in der Bischofspfalz, wo der Papst bekanntlich wohne. Jan Hus erklärt sich bereit, mitzukommen. Jan von Chlum bleibt an seiner Seite. Fida Pfister weint, als sich Hus von ihr verabschiedet. Eskortiert von den Soldaten, erreicht man bald die bischöfliche Residenz.

In der Tat wird der Magister dort von einigen Kardinälen erwartet. In einem Gespräch mit ihnen betont Hus noch einmal, falls man ihm Irrtümer nachweisen könne, sei er demütig bereit, sie aufzugeben. Als die Kardinäle sich verabschieden, taucht ein Franziskanermönch auf, der Hus bittet, ihm Auskünfte in Glaubensfragen zu geben.

Der Mönch tut so, als habe er sich durch die Wachen vor der Pfalz gemogelt, und gibt sich als einfältiger Mensch mit regem, aber naivem Interesse an der Theologie Wyclifs und Hus'. Der Magister spürt, dass das nicht stimmt, und ruft ihm zu: *Bruder, du sagst, du seist einfältig. Ich aber stelle fest, dass du zwiefältig* [duplex] *und nicht einfältig* [simplex] *bist*. Der Mönch verschwindet. Dann erfährt Hus, um wen es sich gehandelt hat: Didacus de Moxena, einer der herausragenden Theologen Spaniens.

Jan von Chlum wartet vor der bischöflichen Kanzlei stundenlang auf seinen Schützling. Irgendwann kommen Paletsch und de Causis aus dem Haus. Sie können ihre Schadenfreude kaum verbergen. Am frühen Abend fordert der Haushofmeister des Papstes von Chlum auf, er solle doch in seine Herberge gehen. Jan Hus allerdings müsse dort bleiben. Chlum ist wütend.

An den Wachen vorbei stürmt er in die Wohnung des Papstes. Er schreit Johannes XXIII. an, er solle Hus sofort freilassen, sonst bekomme er gewaltigen Ärger mit dem König. Johannes XXIII. zuckt mit den Schultern. „Nicht ich habe die Gefangennahme befohlen. Es waren die Kardinäle." Und dann raunt er dem Ritter zu: „Ich habe keine Chance." Der Druck der Kurie auf ihn sei gewaltig. Er könne es nicht riskieren, die in seinem Namen ausgesprochene Verhaftung zurückzunehmen. Verzweifelt verlässt Chlum die Pfalz.

Hus verbringt die Nacht im Haus des Domkantors neben der Pfalz, ebenso die nächste Woche. Am Nikolaustag wird er in den Kerker des Dominikanerklosters auf einer Insel vor der Stadt gebracht, wo er bis zum Palmsonntag, dem 24. März 1415 gefangen bleiben wird. Die Haftbedingungen sind schrecklich. Die Zelle direkt neben der Kloake des Klosters ist kalt, feucht, schmutzig und dunkel. Hus erkrankt schwer. Mehrere Wochen fürchten seine Wärter, er werde nicht überleben. Trotzdem scheint Hus nicht zu verzweifeln. Er hofft auf Sigismund, der Weihnachten 1414 mit Frau Barbara in Konstanz eintreffen soll.

Auch Papst Johannes XXIII. erwartet den König sehnsüchtig. Da er Sigismund seine Unterstützung demonstrieren möchte, schickt er Ärzte zu Hus, denen es gelingt, Fieber und Gallenbeschwerden zu bekämpfen. Außerdem sorgt er dafür, dass der Gefangene bessere Nahrung sowie Schreibzeug erhält. Und es wird erlaubt, dass seine Freunde ihn im Klostergefängnis besuchen.

Den ganzen Dezember hindurch versucht Jan von Chlum, Hus mit Hinweis auf den königlichen Schutz freizubekommen. Die Kardinäle, die er anspricht, reagieren abweisend: Ein wegen Ketzerei Angeklagter stehe vor einem Gericht der Kirche, davor könne ihn der Schutzbrief eines weltlichen Herrschers nicht bewahren.

Längst hat eine von den Kardinälen nach Hus Verhaftung ernannte 19-köpfige Kommission begonnen, die Anklageschrift aufzusetzen. Mitglieder sind der Patriarch von Konstantinopel, mehrere Bischöfe, die Generaloberen des Franziskaner- und des Dominikanerordens sowie einige Theologen – unter ihnen Stephan Paletsch.

Die Kommissionäre schreiten zur Vernehmung des Angeklagten. In seiner Zelle konfrontieren sie ihn noch einmal mit den 45 Wyclif-Thesen, die ja bereits als „ketzerisch" verurteilt sind. Sie hätten gerne eine klare und eindeutige Antwort. Entweder schwört Hus ab oder auch er ist ein Ketzer. Es geht nicht um Inhalte, sondern um ein für die Kirchenpolitiker verwertbares Resultat. Sie wollen kein theologisches, sondern ein schlichtes politisches Resultat. Man muss auf den Boulevards von Paris, Wien, Prag, London, Mailand oder Nürnberg laut ausrufen lassen können: „Hus hat abgeschworen!" Alle seine Fans und Anhänger sind auf einen lächerlichen Kerl hereingefallen. Oder: „Hus bleibt Häretiker!" Die Kirche wird ihn endgültig aus dem Verkehr ziehen. Schluss mit lustig!

Von einem öffentlichen Diskurs über einzelne Thesen ist nicht mehr die Rede. Der hätte den Anti-Wyclif-Aktivisten aus Paris, dem Kardinal d'Ailly und seinem Vordenker Gerson, nicht in ihre Konzilsstrategie gepasst. Sie wollen das Schisma politisch beiseite räumen und gleichzeitig ihre Position des Universalismus theologisch betonieren. Dass sie mit ihrem Konzilsmodell als einer Versammlung, die über den Päpsten steht, inhaltlich gar nicht so weit von Hus entfernt sind, wird erst 100 Jahre später richtig klar, als der Hussit Martin Luther sich in einer Disputation mit Johannes Eck darauf beruft und ihm Eck schlau entgegnet: Deinen Hus hat aber genau jenes Konzil verurteilt. Luthers geniale Antwort: „Auch Konzilien können irren!"

Hus' Hoffnungen, in einer intellektuellen Debatte über die Reformbedürftigkeit der Kirche Konzilsväter, -teilnehmer und -berater überzeugen zu können, scheinen sich im Nebel über dem Bodensee aufzulösen. Immer wieder fragt er seine Besucher und Wärter: Wann kommt endlich der König?

In der Nacht von Heiligabend zum Weihnachtstag wird der Gefangene von lautem Jubel und Gejohle aus dem Schlaf gerissen. Nachts um zwei Uhr läuten alle Glocken in der Stadt, Posaunenklänge wehen über den See. Das Schiff mit dem König und seiner Gemahlin an Bord ist von Überlingen kommend in den Hafen der Konzilsstadt eingefahren. Ein Fackelzug mit mehr als 1 000 Höflingen, Konzilsteilnehmern und Soldaten begleitet den Herrscher durch dicht gesäumte Straßen zum Münster, wo ihn Papst, Kardinäle und politische Prominenz aus ganz Europa seit Stunden erwartet haben. Eine Holy-Horror-Picture-Show läuft ab, ein achtstündiges Hochamt mit dem Papst als Zelebranten und dem König als Diakon, der in goldenem Festgewand mit herrlicher Tenorstimme das Evangelium singt von dem Paar, für das kein Platz war in der Herberge, von der Geburt im Stall und den armen Hirten auf dem Felde.

300 Meter vom Münster entfernt liegt ein armer Hirte krank im Kerker, der auf den Einzug des Königs hofft, um endlich wieder seinen Platz in der Herberge der Fida Pfister einnehmen zu können. Am Tag nach Weihnachten spricht der König, von Chlum und Duba aufs Laufende gebracht, tatsächlich mit dem Papst über Jan Hus und eine Freilassung des unter seinem Schutz Stehenden.

Der Papst bekennt: Ich habe hier gar nichts mehr zu sagen. Entscheidend für alles ist das Wort der Kardinäle, an erster Stelle jenes von d'Ailly. Sigismund flippt aus. Zornig, so wird berichtet, flucht und schimpft er in allen Sprachen, die er beherrscht. Es sind sieben (Deutsch, Tschechisch, Polnisch, Ungarisch, Französisch, Italienisch und Latein). Sofort sollten die Kerle vor ihm erscheinen, schreit er. Und als die Kurienleute auftauchen, brüllt er: „Wie könnt ihr es wagen, euch über meinen Geleitbrief hinwegzusetzen und damit die Reichsgewalt der Lächerlichkeit preiszugeben?" Gebetsmühlenhaft wiederholen die Konzilsväter, was sie auch den Hus-Freunden geantwortet haben: Über wen die Kirche zu richten hat, der kann von staatlicher Gewalt nicht geschützt werden.

Nach mehreren „Besprechungen" dieser Art zieht der König seine letzte Karte: Er droht mit seiner Abreise. Na denn, gute Reise! Die Kardinäle gehen keinen Schritt auf ihn zu. Das macht den König ratlos. Was soll er tun? Das Konzil war doch seine geniale Idee. Was hat es ihn gekostet, politisch und taktisch auf diese Lösung des Schismas hinzuarbeiten? Und jetzt soll er diesen Riesenerfolg, der ihm die Kaiserwürde bringen soll, anderen überlassen! Wegen eines Ketzers? Soll dessen Freilassung sein Werk vernichten? Auf keinen Fall! Also, ihr Lieben, behaltet Hus in Haft. Ihr wollt es schriftlich? Könnt ihr haben.

Am 1. Januar 1415 haben die Kardinäle das Schreiben in Händen, in dem sie der König ermächtigt, den Hus-Prozess nach ihrem Ermessen durchzuziehen. Er macht sich ihre Formel zueigen, Ketzerei und ihre Bekämpfung seien eine rein kirchliche Angelegenheit. Ein Zeitzeuge namens Eberhard Dracher schrieb, dass man so lange auf Sigismund „eingeredet hatte, dass er einem der Ketzerei Verdächtigen sein Wort zu halten nicht verpflichtet sei, bis er es selber glaubte und da er ihren Ernst erkannte, ließ er es gut sein und sich durch die Sache Hus und andere Kleinigkeiten" nicht irritieren.

Schutzlos

Hus muss sich in den nächsten Wochen in zahlreichen Verhören Satz für Satz mit den Anklageschriften der Gegner auseinandersetzen. Einwände, differenzierende Erklärungen, Korrekturen von falschen Behauptungen oder gefälschten und verdrehten Zitaten sind nicht gestattet.

In Böhmen spricht sich rasch herum, dass der deutsche König sein Versprechen gebrochen hat. 270 Edelleute aus Böhmen und Mähren unterschreiben einen Protestbrief an Sigismund, in dem sie erklären, künftig Geleitbriefen des Königs keine Beachtung mehr zu schenken. Hus-Freunde aus dem Landadel reiten nach Konstanz, scharen sich um Chlum, wollen helfen. Sie schmähen öffentlich den König, was dieser – tödlich beleidigt – als Aufforderung betrachtet, nun auch persönlich ins Lager der Hus-Gegner überzutreten.

Aus einem ersten öffentlichen Verhör, auf das sich Hus vorbereitet und gefreut hat, wird nichts. Der Magister erkrankt erneut lebensgefährlich. Die Konzilsväter sehen angesichts aktuellerer Herausforderungen im Fall des Prager Theologen mehr und mehr eine Lappalie. Ihr Augenmerk richtet sich ganz auf den Papst, der der Konzilstheologie d'Aillys einfach nicht folgen will. D'Ailly behauptet, dass der Papst, der das Konzil einberufen habe, über demselben stehe. Ein Mitglied der Hus-Kommission, Kardinal Fillastre, notiert: Neben der Hauptaufgabe, der Beendigung des Schismas, müsse man ja auch noch die Ermittlungen „gegen irgend-

einen böhmischen Ketzer namens Jan Hus" weiter-
führen.

Plötzlich werden die Schandtaten des Baldassare
Cossa – massenhafter Ehebruch, Vergewaltigungen,
sexuelle Übergriffe auf Mädchen und Jungen, Besäuf-
nisse, Korruption und Betrug – ein ernstes Thema für
die Kurie. Im Konzilsklatsch, in Gasthäusern wie in
Klöstern und Residenzen sind sie längst ein alter Hut.
Die Leute sind zudem durch persönliches Erleben längst
davon überzeugt, dass sich der Cossa-Papst in seiner
Lebensweise von den anderen Bischöfen und Kardinälen nicht wesentlich unterscheidet. So steht es auch in
einem der letzten Hus-Briefe aus Konstanz: *Dass doch
Gott diesem Konzil zugerufen hätte: Wer unter Euch ohne
Sünde ist, der verurteile den Papst Johann! Wahrlich es wäre
einer nach dem anderen davongelaufen.*

Die Kardinäle konzentrieren ihren Einsatz darauf,
den Papst zur Abdankung zu nötigen, die er aber verweigert. Mitverantwortlich für die Verschlechterung
seiner Position sind die neuen Abstimmungsregeln auf
dem Konzil. Wie an den Universitäten soll nicht mehr
mit Einzelstimmen votiert werden, sondern in Nationen: je eine Stimme für Franzosen, Engländer, Deutsche, Italiener und eine für das Kardinalskollegium. Die
Mehrheit für Johannes XXIII., von ihm durch eifrige
Ernennungen von Bischöfen und Kardinälen in Italien
organisiert, ist dahin. Die Konzilsnationen sind im Übrigen mit der modernen Begrifflichkeit genauso wenig
vereinbar wie die an den Hochschulen. So gehören zum
Beispiel die Schotten zur französischen Nation.

Im März kapituliert Johannes und dankt ab. König
und Konzil sind zufrieden. Doch dann flieht Cossa am
20. März verkleidet als Rossknecht aus der Stadt. Seine
Hoffnung, das Konzil werde kollabieren, erfüllt sich
nicht.

Hus sitzt noch immer im Dominikanerkloster. Was ihn am meisten trifft: Seine Wächter, Leute des Papstes, sind mit diesem verschwunden. Zwischen den Aufpassern und dem Gefangenen hatte sich ein fast freundschaftliches Verhältnis entwickelt. Vier Tage nach der Papstflucht schreibt Hus an Chlum, wie sehr er die Wächter vermisse. *Ich werde weder etwas zu essen haben, noch weiß ich, was mit mir im Kerker werden soll.* Er bittet den Ritter, noch einmal beim König vorzusprechen, um die Freilassung oder wenigstens eine andere Unterbringung zu erwirken.

Der König reagiert anders, als seine Dienstleute erwartet haben. Er übergibt den Häftling dem Konstanzer Bischof Otto, der ihn, schwer bewacht, in den Westturm seines Schlosses Gottlieben sperren lässt. Nach der Flucht des Papstes wenden sich die Kardinäle nun wieder Hus und dem Erzketzer Wyclif zu. Jetzt wird aufgeräumt!

Die Haftbedingungen in Gottlieben sind noch schlechter als im Inselkloster. Hus bleibt den ganzen Tag gefesselt und wird nachts an die Wand gekettet. Niemand hat Zutritt. Auch Briefe schreiben ist fast unmöglich. Das Essen ist faulig und verschimmelt, die neuen Wächter behandeln den Gefangenen roh. Er als Person interessiert sie einen Dreck.

Das Steuer der Vernehmung nehmen die prominentesten Hus-Feinde selbst in die Hand: Kardinal d'Ailly und Jean Gerson. Sie wollen ein rasches Urteil. Erfolglos versuchen die verbliebenen Hus-Freunde, das Schicksal des Magisters zu wenden. Christian von Prachatitz, nach Konstanz gereist, wird verhaftet. Immerhin lässt Sigismund ihn wieder frei. Mit kurz vor dem Kerkerwechsel verfassten Briefen des Magisters kehrt er heim nach Prag.

Die Bethlehem-Gemeinde ist von dem, was Prachatitz berichtet, außerordentlich beunruhigt. Aber sie beschließt: In der Bethlehem-Kapelle wird der Weg des Jan Hus in ein neues kirchliches Leben erst recht konsequent fortgesetzt. Sein Schüler Jakobellus und die beiden deutschen Freunde Peter und Nikolaus von Dresden beginnen in der Gemeinde das Abendmahl in beiderlei Gestalt an alle Gläubigen auszuteilen. Der Laienkelch wird zum Zeichen ihrer Bewegung.

Als die Nachrichten von dieser spirituellen Neuerung Konstanz erreichen, haben sie längst einen anderen Charakter angenommen. Dort kursiert das Gerücht: In Böhmen – und auch in Teilen Polens – werde das sakramentale Blut Christi in Flaschen bis in die Wirtshäuser getragen, Schuster hörten Beichten und feierten am Altar Eucharistie. Böhmische und polnische Herren im Konzil widersprechen und weisen dies empört als Unsinn, als Verleumdung ihrer Völker und Länder zurück. Als man in Prag von diesen Vorwürfen erfährt, beginnt die Stimmung erneut hochzukochen. Einer der Vorkämpfer der Bewegung, Hieronymus von Prag, beschließt, allen brieflichen Warnungen aus Konstanz zum Trotz, dorthin zu reiten. Er trifft am 4. April am Bodensee ein.

Chlum und Duba berichten ihm von der verschärften Haft des Freundes in Gottlieben. Er könne ihn nicht besuchen, sagen sie und raten ihm dringend, sofort wieder nach Hause zu reisen. Hier bestehe für ihn absolute Lebensgefahr und in Prag werde er im Sinne der guten Sache weiterhin gebraucht. Er erinnert sie daran, dass er Hus bei dessen Abreise versprochen hatte: „Sollte ich einmal erfahren, dass du in Not bist, so werde ich dir folgen, um dir zu helfen." Doch die beiden Ritter können ihn überzeugen, schweren Herzens tritt er die Rückreise an, die allerdings noch vor der böhmischen Grenze endet. Im oberpfälzischen Hirschau wird er erkannt, gefangen genommen und an Händen und Füßen gefesselt nach Konstanz zurückgebracht. Ein Jahr lang wird er in schwerer Kerkerhaft gehalten. Dann folgt er Hus am 30. Mai 1416 auf den Scheiterhaufen.

Dunkle Vorzeichen

Am 4. Mai 1415 trifft das Konzil eine Entscheidung, nach der Jan Hus alle Hoffnung fahren lassen muss. Dieselbe Kommission, die in seinem Fall aktiv ist, hat der Versammlung einen Bericht über die Lehren des John Wyclif vorgelegt. Auf dieser Grundlage verurteilt man den Briten als Ketzer, als Feind des christlichen Glaubens und der Kirche. Da Wyclif bereits mehr als dreißig Jahre tot ist, kann man ihn nicht mehr auf dem Scheiterhaufen sterben lassen. So lautet der Konzilsbeschluss: Verbrennung seiner Schriften, Ausgrabung seiner sterblichen Überreste und Vernichtung dieser im Feuer, Verstreuung der Asche auf ungeweihtem Boden.

Hus weiß sofort, was das bedeutet. Da er wie Wyclif nicht nur Kritik am aktuellen Zustand der Kirche übt, was viele – d'Ailly und Gerson eingeschlossen – tun, sondern ihre institutionelle Gestalt mit Hinweis auf die Heilige Schrift in Frage stellt, wird man ihn ebenfalls als schlimmsten Verbrecher ansehen.

Immerhin gibt ihm die Kommission doch noch die Chance zu einem öffentlichen Auftritt. Am 5. Juni 1415 versammelt sich das Konzil im Speisesaal des Barfüßerklosters, seit diesem Tag auch neues Gefängnis des Magisters, denn im Gottlieber Schloss sitzt seit zwei Tagen ein anderer Häftling: der gewesene Papst Johannes XXIII. Da man den alten Kriegsgesellen massiver bewachen muss als den Intellektuellen, hat man Hus wieder in die Stadt verlegt.

Bevor er aus der Zelle in den Saal gebracht wird, lässt die Kommission das weitgehend von Paletsch formulierte Untersuchungsergebnis verlesen. Mit diesem Text sind die letzten Zweifel an der Strategie der Konzilsleitung beseitigt: Widerruf oder Tod – eine dritte Möglichkeit gibt es für Hus nicht. Das Todesurteil ist bereits schriftlich ausgefertigt. Immerhin erreichen die ansonsten machtlosen Fürsprecher des Magisters, dass er vor allen anderen gehört wird.

Nachdem der Gefangene den Versammlungsraum betreten hat, fragt man ihn zunächst, ob das Buch *„Von der Kirche"* sowie die Streitschrift gegen Stanislaus und Paletsch aus seiner Feder stammen. Er bestätigt dies, verbunden mit dem nochmaligen Hinweis, er werde sie korrigieren, wenn man ihm Irrtümer darin nachweisen könne. Punkt für Punkt soll er sodann zu den Vorwürfen Stellung nehmen. Als er darauf hinweist, dass die Anklageschrift bewusste Verdrehungen, Fehlinterpretationen und Entstellungen seiner Texte enthalte, bricht ein gewaltiger Tumult aus. Erregt schreien die Anwesenden Schimpfworte gegen ihn. Er wird verhöhnt, niedergebrüllt, ausgelacht.

Mutig hält er dagegen: *Ich hatte gemeint, auf diesem Konzil würde mehr Anstand, Güte und Ordnung walten.* Der Vorsitzende, Kardinalbischof von Ostia, schnauzt ihn an: „Drüben in Gottlieben hast du eine bescheidenere Sprache geführt!" Hus: *Ja. Dort schrie niemand auf mich ein; aber hier schreien alle.* Der Lärm hört nicht auf. Hus verstummt. Die Sitzung wird vertagt.

Zwei Tage später ein neuer Versuch, wieder im Speisesaal des Klosters. Diesmal ist König Sigismund unter den Zuhörern sowie die Hus-Begleiter Chlum, Duba und Mladoniowitz. D'Ailly attackiert Hus in Sachen Remanenz. Die philosophisch-theologische Gegenwehr des Magisters beeindruckt selbst den Hauptvertreter des Nominalismus. Er gibt sich in diesem Punkt geschlagen.

Als nächstes wirft man dem Angeklagten vor, er halte sich für etwas Besseres als den Apostel Paulus, weil er nicht an den Kaiser, sondern direkt an Christus appelliert habe. Dann weist das Kollegium ihm die Schuld an der Vertreibung der Deutschen von der Prager Universität zu. Er habe Hass und Zwietracht in Böhmen verbreitet. Seine Antworten gehen wieder in allgemeinem Geschrei und Gelächter unter.

Dass er seine Gemeinde zum gewaltsamen Widerstand aufgefordert habe, weist Jan Hus so zurück: *Jawohl, ich habe meine Gemeinde ermutigt, sich zum Schutze der Wahrheit zu bewaffnen, aber nur mit jenen Waffen von denen der Apostel spricht: mit dem geistlichen Schwert, welches ist das Wort Gottes!* Erneut toben die Zuhörer.

D'Ailly versucht ein letztes Mal, Hus in die Enge zu treiben. In einem Privatverhör habe der Magister ihm gegenüber geäußert, er sei freiwillig nach Konstanz gekommen, weder der römische, noch der böhmische König hätten ihn dazu zwingen können. Ja, bestätigt Hus, so sei es. Es gebe zudem in Böhmen zahlreiche Leute, auch Mächtige und Adelige, die ihn beschützt hätten, wenn er dort geblieben wäre. „Eine Frechheit", schnaubt d'Ailly und schaut zum König. Bevor der aber reagieren kann, springt Chlum auf: „Ja, er sagt die Wahrheit. Ich bin nur einer der Geringeren unter den Edelleuten Böhmens. Doch würde ich ihn notfalls ein ganzes Jahr beschützen, gegen wen auch immer. Es gibt aber noch Mächtigere in der Heimat, die ihn verehren und ihn auch gegen jene beiden Könige beschützt hätten!"

Sigismund ist entsetzt – sehr zur Freude des Kardinals. Hus ist tatsächlich einer, der Aufstände anzetteln kann. Das muss ein Ende haben. Der König spricht ihn direkt an: Er solle, wie ihm bereits der Kardinal geraten habe, sich der Gnade des Konzils unterwerfen und seine Irrtümer bereuen. Tue er dies nicht, „dann wissen die Konzilsväter, was sie zu tun haben! Ich habe ihnen bereits mitgeteilt, dass ich keinen verstockten Ketzer in Schutz nehmen werde. Unterwerft euch!" D'Ailly fügt hinzu: „Die Belehrung, die wir euch geben, ist diese: Ihr habt zu widerrufen. Ich schließe die Sitzung."

Die Nacht vor dem dritten und letzten Verhör verbringt Hus schlaflos, von Fieberschauern, Zahn- und Kopfschmerzen geschüttelt. Am Morgen des 8. Juni präsentieren ihm die Bischöfe und Prälaten 39 Anklagepunkte zu seiner Schrift *„Über die Kirche"*. Sie sei „noch übler und gefährlicher" als die anderen Texte des Magisters, meint d'Ailly. Wem es an Glauben und Gehorsam gegenüber Christus mangele, hat Hus unter anderem formuliert, der gehöre nicht zur Kirche, möge er auch Papst oder Bischof sein – oder weltlicher Herrscher. Sigismund, gerade abgelenkt und im Gespräch mit zwei Freunden am anderen Ende des Saales, wird über Hus' These informiert. „Johannes Hus, niemand lebt ohne Sünde!", antwortet er.

Hus versucht, am Beispiel des gewesenen Papstes, der jetzt wieder Baldassare Cossa heißt, noch einmal zu erklären, was er meint: *Sagt mir doch*, fragt er, *war er ein wahrer Papst oder ein Dieb und Räuber?* Viele im Saal lachen und rufen: „Ein wahrer Papst." Nach einer langen Reihe weiterer Anklagepunkte und Antworten von Hus, jede gestört von Zwischenrufen, Geschrei und Gelächter, hält d'Ailly sein abschließendes Statement: „Du hast in deinen Schriften und Predigten keine Grenzen gekannt. Du hättest deine Reden auf das Maß deiner Zuhörer zuschneiden sollen! Musstest du vor dem gemeinen Volk gegen die Kardinäle predigen?" D'Ailly gibt nochmals zu erkennen, man werde Gnade und Milde walten lassen, wenn Hus widerrufe. Auch andere Sprecher raten ihm, doch endlich seine Position aufzugeben.

Hus reagiert wie immer: Die Belehrung des Konzils nehme er an, aber zur Lüge lasse er sich nicht zwingen. Und ihm unterstellte Dinge, die er nie gesagt oder geschrieben habe, könne er sowieso nicht widerrufen, sie seien ja nicht von ihm. Das versteht nun König Sigismund überhaupt nicht. Der Politiker sagt: „Höre, Hus! Warum willst du nicht alle Artikel abschwören, auch diejenigen, von denen du behauptest, sie seien fälschlich gegen dich erhoben. Ich jedenfalls würde alle möglichen Irrtümer abschwören und nicht daraus folgern, dass ich sie zuvor behauptet haben müsste!" Das ist der Unterschied zwischen dem König und Hus.

Hus bleibt Hus. Selbst als Kardinal Francesco Zabarella anbietet, ihm zum Abschwören eine milde und verkraftbare Formel vorzulegen, bleibt er hart. Und als Paletsch und de Causis eine persönliche Erklärung abgeben, sie hätten als Ankläger nicht aus persönlichem Hass gegen Hus gehandelt, sondern seien ihrer Pflicht als Doktoren der Theologie gefolgt, antwortet er: *Ich stehe vor dem Gericht Gottes. Er wird mich und euch richten nach Gerechtigkeit, wie wir es verdienen.*

Im Gang zu seiner Zelle drückt ihm Jan von Chlum herzlich die Hände. Hus schreibt in einer seiner letzten Notizen: *Ach wie teuer war mir der Händedruck des Herrn Jan, der sich nicht scheute, mir Unglücklichem die Hand zu reichen, einem so verworfenen, mit Ketten gefesselten und fast von allen verfluchten Ketzer!*

Als Chlum, Duba und Mladoniowitz Sigismund suchen, werden sie Zeugen einer Besprechung des

Königs mit den Kardinälen d'Ailly, Fillastre und Zabarella sowie Jean Gerson. Man solle dafür sorgen, lässt der Herrscher die Geistlichen wissen, dass Hus auf keinen Fall nach Böhmen zurückkehre und nie wieder öffentlich rede. Das gelte auch, falls er widerrufen sollte. Seine Irrlehren müssten endgültig zerstört werden. Er fordert die Konzilsleute auf, gegen des Magisters Freunde und Anhänger einzuschreiten, vor allem gegen Hieronymus. „Ich war jung, als diese Sekte in Böhmen entstand", schließt Sigismund, „zu welch drohender Macht ist sie jetzt angeschwollen!" Die drei Ritter sorgen dafür, dass nicht nur der Magister im Kerker von diesen Sätzen erfährt, sondern ganz Böhmen. Das wird für Sigismund dramatische Folgen haben.

Das Ende ist nah

Die Gans ist noch nicht gebraten, hatte Hus seinen Freunden vom Konstanzer Konzil einst noch voller Zuversicht geschrieben – damit spielte er auf sich selbst an, denn „Husa" ist das tschechische Wort für Gans. Nun allerdings ahnt er, dass es dem Ende entgegengeht. Das wird ihm spätestens bewusst, als Stephan Paletsch ihn nach dem letzten Verhör zweimal besuchen kommt. Dem körperlich schwer erkrankten Gefangenen macht er bei seiner ersten Visite ein zweischneidiges Kompliment: „Seit Christi Geburt ist außer Wyclif kein gefährlicherer Ketzer aufgetreten als du."

Hus will noch einmal beichten. Als Beichtvater wählt er ausgerechnet Paletsch, der die Beichte aber nicht abnehmen möchte. Statt seiner sendet man dem Häftling einen Mönch, der gütig mit ihm umgeht. Aber Paletsch findet keine Ruhe. Er versucht, Hus in der Zelle doch noch zum Abschwören zu überreden – vergeblich.

Hus nimmt den Feind und früheren Freund in die Arme, verzeiht ihm und bittet ihn um Verzeihung für manches harte Wort im Streit. Beide weinen und nehmen Abschied.

Hus schreibt in den letzten Juni-Tagen zahlreiche Abschiedsbriefe an Freunde und Getreue mit Worten des Dankes und des Vermächtnisses. Am 24. Juni befiehlt man die Verbrennung sämtlicher Schriften des Magisters. Zweimal sendet das Konzil eine Abordnung in das Gefängnis, am 1. und am 5. Juli. Die Gesandtschaften – der zweiten gehören d'Ailly und Zabarella persönlich an, Chlum und Duba sind Zeugen – versuchen noch einmal, Brücken zum Widerruf zu bauen. Jan Hus beharrt auf seiner Haltung: Man solle ihn anhand der Heiligen Schrift widerlegen, die bisherigen Verurteilungen entsprächen dieser Anforderung nicht.

Das Ende

Am frühen Morgen des 6. Juli 1415 versammelt sich das Konzil im Münster zu einer Generalsitzung unter dem Vorsitz des Kardinalbischofs von Ostia. Anwesend sind König Sigismund und die in Konstanz weilenden Reichsfürsten mit Gefolge. Es wird ein Hochamt gehalten, danach bringen Wächter Jan Hus in die Kirche. Er wirft sich vor dem Altar nieder und betet still. Der Bischof von Lodi besteigt die Kanzel. Er predigt über eine Stelle aus dem Römerbrief: „Damit der Leib der Sünde aufhöre" (6,6). Darin stecke die Aufforderung an die Kirche und den König, Häresien und Ketzer auszulöschen.

Nun beginnt die Zeremonie, mit der die Kirche Jan Hus endgültig verstößt. Doch Hus bleibt Hus. Die Prozessakten werden verlesen und schon bei der ersten vermeintlichen Irrlehre, die ihm der Vorleser präsentiert, erhebt er laut Einspruch. Man befiehlt ihm, sofort zu schweigen. Das kann er nicht. Er fordert, man möge ihm gestatten, allen im Münster Versammelten zu erklären, dass er das, was man ihm hier unterstelle, nie gelehrt habe. Der Vorsitzende verweigert es ihm.

Jan Hus kniet nieder und hebt die gefalteten Hände zum Himmel: Er ruft den Herrn als gerechten Zeugen und Richter an. Nun reduziert er seine Einsprüche auf die schlimmsten Unterstellungen. Etwa jene, er habe sich selbst als „vierte Person der Gottheit" ausgegeben. Als seine *„Appellation an Christus"* als Ketzerei bezeichnet wird, bricht es aus ihm heraus: *Herr, siehe, jetzt verdammt dieses Konzil dein Tun und Gesetz als Irrtum, obwohl du doch selbst deine Sache deinem Vater als dem gerechten Richter übergeben hast – uns zum Vorbild, wenn wir schwer bedrängt sind.*

Ein italienischer Bischof verliest die Verdammung von Werk und Person „des hartnäckigen Ketzers". Hus widerspricht dieser Bezeichnung laut und betet um Vergebung für seine Gegner. Der Vollzug des Urteils beginnt.

Noch einmal wird der Ketzer als Priester eingekleidet und bekommt den Kelch in die Hand. Noch einmal soll er abschwören und widerspricht. Sieben Bischöfe entkleiden ihn nach strengen liturgischen Regeln bis auf das Untergewand und entziehen ihm damit die Priesterwürde. Als sie Hus den Kelch wegnehmen, sprechen sie die festgelegte Formel: „Du verfluchter Judas, der du den Rat des Friedens verlassen hast! Wir nehmen den Kelch der Versöhnung von dir." Hus widerspricht erneut. Er vertraue darauf, dass ihm Gott den Kelch des Heils nicht wegnehmen werde.

Jetzt ziehen ihn die Bischöfe nackt aus, zerreißen das Gewand. Zum Schluss zerschneiden sie ihm die

Tonsur. Die Bischöfe können sich nicht einigen, ob sie dies mit einer Schere oder dem Messer tun sollen. Hus kommentiert mit einem Grinsen in Richtung Sigismund: *Seht, nun können diese Bischöfe sich nicht einmal über ihre Blasphemie einig werden.* Zuletzt verkünden die sieben Herren: „Die Kirche hat mit diesem Ketzer nichts mehr zu schaffen. Wir übergeben dich der weltlichen Gewalt." Priester bringen eine Papiermütze, auf die drei Teufel und der Fluch „Erzketzer" aufgemalt sind. Man setzt sie Hus auf den Kopf und spricht dazu: „Wir befehlen deine Seele den Teufeln!" Hus faltet die Hände: *Ich befehle sie meinem gnädigsten Herrn Jesus Christus.*

Nun ist der König am Zuge. Er beauftragt den Pfalzgrafen Ludwig, er solle dem Ketzer antun, „was ihm zukommt". Der Pfalzgraf seinerseits reicht den Verurteilten weiter an den Konstanzer Bürgermeister Ulrich von Ulm: „Nehmt ihn und verbrennt ihn als Ketzer!" Hus wird mit der Pappmütze auf dem Kopf von den Bütteln der Stadt aus dem Münster geführt. Auf dem Münsterhof lodert ein Feuer. Des Magisters Schriften werden verbrannt. Hus lächelt. Furchtlos und fröhlich, so berichten zahlreiche Zeugen, geht er seiner Richtstätte vor den Stadtmauern entgegen. Eine riesige Menge Schaulustiger begleitet den Zug, bestehend aus Fürsten, Bürgern, Kriegsknechten und Schergen. Hus betet unablässig: *Herr erbarme dich meiner!*

Der Verurteilte und die Schergen ziehen auf ein Feld namens Brühl, ein paar hundert Meter links von der Straße nach Gottlieben. Die Schergen haben den Platz der Hinrichtung schon vorbereitet. Als Hus das aufgeschichtete Holz und die bereits entzündeten Fackeln erblickt, fällt er auf die Knie und betet mit ausgestreckten Armen: *Gott sei mir gnädig nach deiner Güte und tilge meine Sünden nach deiner großen Barmherzigkeit.* Die Henker befehlen ihm, endlich aufzustehen. Hus wendet die Augen gen Himmel: *Herr Jesu, diesen schmachvollen und grausigen Tod will ich für dein Evangelium demütig und geduldig erleiden.* Der Chronist Ulrich Richental schreibt: „Danach fragte man ihn, ob er beichten wolle. Er sprach: ‚Gern, obgleich es hier sehr eng ist.' Es war ein Priester da, Ulrich Schorand, Kaplan zu St. Stefan, im Auftrag des Konzils und des Bischofs." Der Priester fragt ihn, ob er der Ketzerei abschwören wolle, denn nur dann könne er ihm die Beichte abnehmen. Hus sagte: *Die Beichte ist nicht nötig. Ich bin kein Todsünder.* Noch einmal will er, auf Deutsch, zum umstehenden Volk sprechen. Das passt Herzog Ludwig nicht. Er befiehlt, sofort mit der Hinrichtung zu beginnen.

In der Menge entdeckt Hus noch seine drei Wärter, die ihm fast zu Freunden geworden waren. Er dankt ihnen: *Ihr seid nicht meine Wächter, ihr seid meine Brüder gewesen.* Die Henker ergreifen ihn, binden ihn mit nassen Stricken an einen Pflock, legen ihm eine rostige Kette um den Hals und schichten bis auf Kinnhöhe Holz, Reisig und Stroh um ihn auf. Noch einmal wird er vom Pfalzgrafen und vom Reichsmarschall von Pappenheim gefragt, ob er seine Ketzereien widerrufen wolle – so könne er sein Leben retten. Ein letztes Mal antwortet der Magister: *Welche Irrtümer soll ich widerrufen? Ich bin mir keines einzigen bewusst! In der evangelischen Wahrheit, die ich geschrieben, gelehrt und gepredigt habe, will ich heute gern sterben!*, so beschreibt es der Hus-Freund Peter Mladoniowitz.

Nun legen die Feuerknechte zwei Bündel Stroh an den Holzhaufen und zünden ihn an. Sturm fährt in die Flammen, hell lodern sie auf. Aus dem Feuer hört man Hus „Christus erbarme dich meiner" singen – dreimal, dann schlägt ihm der Wind die Flammen ins Gesicht, Rauch erstickt die Stimme. Mladoniowitz sieht noch,

wie er still die Lippen bewegt, „dann hatte er ausge-
litten".

Als alle Holzscheite verbrannt sind, holen die Schergen die verkohlten Reste des Magisters hervor, stecken
ein neues Feuer an und halten es am Brennen, bis nur
noch Asche übrig ist. Auch die Pappmütze, die nur halb
verbrannt war, werfen sie hinein. Ulrich Richental:
„Dann führte man alles, was man von der Asche fand,
in den Rhein." Keine Reliquien, nichts sollte von dem
Ketzer bleiben. „An fünf Tagen nach der Hinrichtung",
berichtet er, „hielt man Prozessionen zum Wohl der
Kirche ab." Der Ketzer war beseitigt. Seine Wirkung
aber erfasste Böhmen. Und der König mag in den kommenden beiden Jahrzehnten oftmals gedacht haben,
dass Opportunismus und politische Tricks sich im
Nachhinein vielfach als größte Dummheit heraus-
stellen.

Epilog

Am Tag seiner Verbrennung, heißt es, habe Hus voraus-
gesagt: *Heute bratet Ihr eine Gans, aber aus der Asche wird
ein Schwan entstehen.* Ob er diesen Satz nun selbst sagte
oder ob er ihm später in den Mund gelegt wurde – es
ist etwas Wahres dran. Jan Hus, der volkstümliche
Intellektuelle ohne politisches Ziel, der rein auf die
christliche Lehre konzentrierte Prediger, der Freund
der kleinen Leute, der Religionspädagoge – er trat eine
Entwicklung los, die er selbst nicht für möglich gehalten hätte.

In seiner reformatorischen Theologie folgt ihm ein
Deutscher, der 101 Jahre nach seiner Hinrichtung die
Verdorbenheit des Ablasshandels erneut zum Thema
macht: Martin Luther. Und seine Idee der sichtbaren
Kirche, die ein weltliches Ding sei, wird fast 600 Jahre
später ein römischer Papst durch einen ganz menschlichen Akt bestätigen: Benedikt XVI. mit seinem Rück-
tritt. Zurücktreten kann nur ein weltlicher Amtsträger.
Ein Papst, der der Stellvertreter Christi auf Erden ist,
kann nur durch Tod und Auffahrt in die Ewigkeit sein
Amt abgeben, wie es Benedikt XVI. Vorgänger Johannes Paul II. bis zu seinem Tode vorgelebt hat.

Dieser traditionell römisch-katholische Papst hat
indes an anderer Stelle versucht, eine Brücke zu Jan
Hus und seinen tschechischen Erben zu bauen. Bei
einem Besuch in Prag 1990 mahnte er ein Umdenken
seiner Kirche gegenüber Hus an. Dies wiederholte er
1999 bei einem Historikerkongress in Rom.

Die politische Wirkung des Jan Hus ist schon kurze
Zeit nach seinem Tode gewaltig. In den Hussiten-Krie-
gen zwischen 1419 und 1434 beginnt sich in Böhmen
eine nationale Identität zu entwickeln. Erstmals gelingt

es einer Volksbewegung ohne Führende aus dem Hochadel, Kaiser- und Königreich erzittern zu lassen. In zahlreichen Schlachten siegen die Hussiten, ehe sie am Ende doch geschlagen werden. Tausende von Menschen fallen oder verlieren Haus und Hof. Was Jan Hus dazu gesagt hätte? Die Schuld seiner Anhänger an Mord und Gewalt hätte er so wenig bezweifelt wie die ihrer hochherrschaftlichen Feinde.

Zweihundert Jahre nach dem Tode des Jan Hus wird der Dreißigjährige Krieg das Reich erschüttern – ausgelöst erneut im goldenen Prag. Und wieder wird es ein Krieg zwischen Christen unterschiedlicher Bekenntnisse sein. Der zweite Prager Fenstersturz 1618, verübt von den protestantischen Ständen Böhmens, ist eine gewaltsame Reaktion darauf, dass Kaiser und König die verbriefte Religionsfreiheit missachten.

Den Böhmen, den Tschechen im Reich der Habsburger, wird Jan Hus im Laufe der Jahrhunderte mehr und mehr zur Symbolfigur ihres Strebens nach nationaler Unabhängigkeit. Bei Deutschen und Tschechen wird Hus im 19. Jahrhundert zum Deutschenhasser, was er – in seinen Briefen nachzulesen – niemals war.

Erst der Begründer der unabhängigen Republik Tschechoslowakei, Thomas Massaryk, kann ihn nach dem Ersten Weltkrieg, unterstützt von tschechischen wie deutschen Intellektuellen wie der Familie Mann, wieder aus diesem propagandistischen Lügen-Gefängnis befreien.

Für die modernen Tschechen wird Hus nach dem Fall des Eisernen Vorhangs mit seinem Satz *Die Wahrheit wird siegen* zum Vorkämpfer für individuelle Freiheit und die Macht des Gewissens. Allen voran der Dichter im Präsidentenamt, Václav Havel, bekannte sich in diesem Sinn zum Urvater der tschechischen Identität. Noch immer leiden die Tschechen unter dem

Umgang der Deutschen mit Jan Hus, seinem Werk und Sterben. Es ärgert sie, dass ihr Reformator auf dem Wege zum 500. Jahrestag der Veröffentlichung von Martin Luthers Thesen am 31. Oktober 1517 in Wittenberg nur am Rande wahrgenommen wird. Zu Recht! Denn die Selbstbezichtigung Luthers, er sei „Hussit", ist nackte Wahrheit.

Dieses Buch ist von einem deutschen Hussiten geschrieben, der hofft, dass die Texte und Thesen John Wyclifs und Jan Hus' überall sichtbar werden, wo der kirchlichen Reformation gedacht wird. Die sichtbare Kirche braucht eine permanente Reformation, wenn sie der unsichtbaren Kirche Jesu Christi geistlich nahekommen will. In diesem Sinne: Reformation war immer – wie der Galater-Brief des Paulus und der dort geschilderte Streit mit Petrus und Jakobus belegen – und wird immer sein!

Danke, Jan Hus, für Deinen unersetzlichen Beitrag!

Lebensdaten

Um 1370   Jan wird in Husinec (Südböhmen) als Sohn einfacher Leute geboren.

um 1377   Eintritt in die Lateinschule von Prachatitz (Südböhmen).

zwischen 1387 und 1390   Wechsel nach Prag, Beginn des Studiums der Künste an der Universität.

1396   Akademischer Grad des Magister Artium, Beginn der Lehrtätigkeit an der Universität, Fortsetzung der Studien, Erscheinen des anonymen Traktats Orthographia Bohemica (wahrscheinlicher Autor Jan Hus) mit Vorschlägen zur tschechischen Rechtschreibung.

1398   Beginn des Theologiestudiums, Bestellung zum Prüfer der Baccalare.

1400   Priesterweihe.

1401   Dekan der philosophischen Fakultät der Universität.

1402   Professor und Rektor der Universität, Prediger in der Bethlehem-Kapelle, Ernennung zum Synodalprediger durch Erzbischof Zbinko.

nach 1402   Erste öffentliche Befassung mit der Theologie John Wyclifs.

1408   Wegen Wyclifismus wird Hus von Erzbischof Zbinko als Synodalprediger abgesetzt.

9. März 1410   Papst Alexander V. erlässt Bulle gegen Wyclifs Lehren mit Androhung des Kirchenbanns gegen ihre Vertreter.

Juli 1410   Hus wird mit dem Kirchenbann belegt.

Februar 1411   Erneuter Bann, diesmal durch Papst Johannes XXIII., Exkommunikation und Verweisung aus Prag, deshalb dort Ausbruch von Unruhen durch Hus-Anhänger. Volksdemonstrationen für den Gebannten. Hus bleibt und predigt unter dem Schutz des Königs Wenzel weiter.

1412 Hus verurteilt die Kreuzzugs- und Ablass-Bullen von Papst Johannes XXIII., er verliert den Schutz des Herrschers und muss aus Prag fliehen.

1412–1414 Hus wohnt zunächst auf der Ziegenburg in Südböhmen, dann auf der Burg Krakovec in Mittelböhmen. Er verfasst dort Werke in tschechischer Sprache und wirkt wahrscheinlich an einer Bibelübersetzung ins Tschechische mit. Er reist als Wanderprediger durch Böhmen.

1413 Hus verfasst die Schrift *De Ecclesia*, in der er die Kirche als Gemeinschaft ohne weltlichen Herrscher, alleine mit dem Oberhaupt Jesus Christus beschreibt.

Frühjahr 1414 Die Ritter Jan von Chlum und Wenzel von Duba überbringen Hus auf der Burg Kracovec die Einladung zum Konstanzer Konzil von König Sigismund, verbunden mit der Zusicherung eines Geleitbriefes.

11. Oktober 1414 Hus bricht nach Konstanz auf, ohne Geleitbrief, aber begleitet und beschützt von den Rittern Chlum und Duba.

3. November 1414 Hus' Reisegruppe erreicht Konstanz, er bezieht Quartier bei der Witwe Pfister.

4. November 1414 Der einzige der drei Päpste, der zum Konzilsauftakt erschienen ist, Johannes XXIII., empfängt Hus' Begleitritter und setzt Bann und Interdikt gegen Hus aus. Bei Hus trifft Sigismunds Geleitbrief ein. Der König sichert ihm darin freien Aufenthalt zu.

5. November 1414 Eröffnung des Konzils zu Konstanz.

28. November 1414 Hus wird festgenommen.

6. Dezember 1414 bis 24. März 1415 Haft in einer Zelle des Dominikaner-Inselklosters.

24. Dezember 1414 König Sigismund trifft in Konstanz ein.

1. Januar 1415 König Sigismund ermächtigt die Kurie, den Prozess gegen Hus im Konzil nach eigenem Ermessen zu gestalten. Er bricht seine Zusagen gegen Hus aus dem Geleitbrief.

Ende Januar 1415 270 Edelleute aus Böhmen unterschreiben einen Protestbrief an den König gegen den Bruch des Geleitbriefes.

24. März 1415 Der König übergibt Hus offiziell an Bischof Otto von Konstanz, der den Gefangenen in den Westturm seines Schlosses Gottlieben sperren lässt.

4. Mai 1415 Das Konstanzer Konzil verurteilt John Wyclif als Ketzer.

5. Juni Hus, inzwischen an neuem Haftort im Konstanzer Barfüßer-Kloster, wird dort die Entscheidungsvorlage der Konzilskommission vorgelesen: Widerruf oder Tod. Hus wird verhört. Es entsteht ein Tumult, der Angeklagte wird niedergebrüllt, verhöhnt, ausgelacht. Die Sitzung wird vertagt. Das Todesurteil ist formuliert.

6./7. Juni 1415 Weitere Prozesstermine im Kloster.

24. Juni 1415 Das Konzil beschließt die Verbrennung sämtlicher Hus-Schriften.

1. und 5. Juli 1415 Eine Konzilsdelegation fordert den Gefangenen zweimal zum Widerruf auf. Hus weigert sich, beharrt darauf, widerlegt zu werden.

6. Juli 1415 Im Konstanzer Münster vor den versammelten Konzilsteilnehmern und dem König erfolgt die offizielle Verurteilung des Ketzers Jan Hus. Entzug der Priesterwürde. Der König übergibt den Verurteilten zur Hinrichtung an Pfalz-graf Ludwig von der Pfalz, dieser reicht den Auf-trag weiter an den Konstanzer Bürgermeister Ulrich von Ulm. Zug der Versammelten mit dem Verurteilten zur Richtstätte auf dem Brühl, Ver-brennung auf dem Scheiterhaufen, Zerstreuung der Asche im Rhein.

Literatur

Becher, Peter / Knechtel, Anna (Hg.): Praha – Prag 1900–1945, Passau 2010

Benrath, Gustav Adolf (Hg.): Wegbereiter der Reforma-tion (Bd.1), Bremen 1967

Bornkamm, Heinrich: Luther im Spiegel der deutschen Geistesgeschichte, Göttingen 1970

Brandmüller, Walter: Das Konzil von Konstanz (Bd. 1), Paderborn 1991

Buchwald, Reinhard: Luther im Gespräch, Stuttgart 1938

Dachsel, Joachim: Jan Hus, Leben und Briefe, Berlin 1964

Friedenthal, Richard: Jan Hus, der Ketzer und das Jahr-hundert der Revolutionskriege, München/Zürich 1984

Hilsch, Peter: Johannes Hus. Prediger Gottes und Ket-zer, Regensburg 1999

Hoensch, Jörg K.: Kaiser Sigismund, Darmstadt, 1996

Koralka, Jiri: Das tschechische Hus-Bild von František Palacký bis Tomáš Garigue Masaryk. Vortrag Jan-Hus-Tagung, Universität Oldenburg, Oldenburg 2013

Liebl, Waltraut / Kopitzki Siegmund (Hg.): Die Gans ist noch nicht gebraten, Meßkirch 2014

Nigg, Walter: Das Buch der Ketzer, Zürich 1949

Richental, Ulrich: Chronik des Konstanzer Konzils 1414–1418, Konstanz 1984

Riemeck, Renate: Jan Hus – Reformation 100 Jahre vor Luther, Frankfurt 1966

Schamschula, Walter (Hg.): Jan Hus, Schriften zur Glaubensreform und Briefe der Jahre 1414–1415, Frankfurt 1969

Schriften aus dem Karl-Marx-Haus: Jan Hus und die Hussiten in europäischen Aspekten, Trier 1987

Seibt, Ferdinand u.a. (Hg.): Jan Hus zwischen Völkern, Zeiten und Konfessionen, München 1997

Stadt Konstanz (Hg.): Johannes Hus in Konstanz, Festschrift Hus-Haus, Konstanz 1980

Walther, Helmut G.: Hus in Konstanz, Zur Ausstellung in der Universität, Konstanz 1978

Bildnachweis

S. 2: Tobias Simmer, Jan Hus, Holzschnitt aus Nicolaus Reusner: Icones sive Imagines virorum literis illustrium (Archiv); S. 4: chrismon

Zitate

Ich habe bisher unbewusst den ganzen Johann Hus gelehrt und gehalten. Kurz, wir alle sind unbewusst Hussiten. Ja, Paulus und Augustin sind aufs Wort Hussiten. Siehe, ich bitte Dich, in was für Ungeheuerlichkeiten sind wir ohne den böhmischen Führer und Lehrer geraten: Ich weiß vor Staunen nicht, was ich denken soll, da ich so schreckliche Gerichte Gottes an den Menschen sehe. Die ganz offenbare evangelische Wahrheit, nun schon vor mehr als hundert Jahren öffentlich verbrannt, wird für verdammt gehalten, und man darf dies nicht bekennen.
Martin Luther (Brief an Spalatin, Mitte 1520)

Zu allen Zeiten sind es nur die Individuen, welche für die Wissenschaft gewirkt, nicht das Zeitalter. Das Zeitalter war's, das den Sokrates durch Gift hinrichtete, das Zeitalter, das Hussen verbrannte: die Zeitalter sind sich immer gleich geblieben.
Johann Wolfgang von Goethe

Superavit

Nie kann ganz die Spur verlaufen
einer starken Tat; dies lehrt
zu Konstanz der Scheiterhaufen;
denn aus tausend Feuertaufen
steigt der Hochgeist unversehrt.

Bis zu uns her ungeheuer
ragt der Reformator Hus,
fürchten wir der Lehre Feuer,
neigen wir uns doch in scheuer
Ehrfurcht vor dem Genius.

Der, den das Gericht verdammte,
war im Herzen, tief und rein,
überzeugt von seinem Amte, –
und der hohe Holzstoß flammte
seines Ruhmes Strahlenschein.

Rainer Maria Rilke

Unser ganzes Leben ist ein blindes Tappen nach dem Wege, auf dem wir nach Hus gewandelt und von dem wir gewiss nicht ganz ohne unsere Schuld abgelenkt sind. Ich fühle es tief, dass wir nur dann wiederum als Volk zu existieren berechtigt sind, wenn uns unsere Sprache Ausdrucksmittel wird für erhabene Gefühle, große Ideen. Die Sprache allein ist es nicht, die den Menschen zum Ebenbilde Gottes macht! Dass wir mitten unter uns viel Schlimmes haben, wer würde das leugnen wollen? Aber lasst uns nur uns selbst sein!
Tomáš G. Masaryk, erster Staatspräsident der Tschechoslowakei (1918–1935)

Heute [...] fühle ich mich verpflichtet, mein tiefes Bedauern auszusprechen für den grausamen Tod von Jan Hus und für die daraus folgende Wunde, eine Quelle von Konflikten und Spaltungen, die dadurch in den Geist und die Herzen des tschechischen Volkes gerissen wurde.
Papst Johannes Paul II. (17. Dezember 1999)

Der große Beitrag von Jan Hus zur europäischen Geschichte war das Prinzip der persönlichen Verantwortung.
Václav Havel, letzter Staatspräsident der Tschechoslowakei (1989–1992)